NAGISA TATSUMI

EL ARTE DE ORDENAR PARA NIÑOS

Cómo el orden desarrolla las capacidades de los más pequeños

Duomo ediciones

Barcelona, 2017

Título original: *Kodomo wo Nobasu Okatazuke*

Primera edición: mayo de 2017

Duomo ediciones es un sello de Antonio Vallardi Editore S.u.r.l.
Av. del Príncep d'Astúries, 20, 3º B. Barcelona, 08012 (España)
www.duomoediciones.com

Gruppo Editoriale Mauri Spagnol S.p.A.
www.maurispagnol.it

ISBN: 978-84-16634-59-0
Código IBIC: DN
DL B 8849-2017

Composición:
Grafime

Impresión:
Grafica Veneta S.p.A. di Trebaseleghe (PD)

Impreso en Italia

ÍNDICE

PRÓLOGO
¿Por qué ordenar?

El libro que tienes en las manos habla de «ordenar». Por supuesto presenta técnicas concretas de cómo ordenar y explicadas de forma sencilla. Pero no se limita a cómo hacerlo.

El primer capítulo gira entorno al papel que podemos tener los padres como «guías» a la hora de introducir al niño en el arte de recoger sus cosas en vez de enfadarnos y reñirles u ordenarles que las recojan de inmediato cuando descubrimos que está todo desperdigado por el cuarto. Y esto es así porque, por más que les exijamos que recojan, los niños no tienen la habilidad de hacerlo porque todavía no han aprendido cómo.

El segundo se fija en los objetos que llenan el cuarto del niño, su territorio, sus dominios; cómo son, de qué tipo, y cómo clasificarlos para que ordenarlos y mantenerlos en su sitio sea más sencillo. Es fundamental que sea el niño quien tome conciencia de que aquellas son sus cosas y de que tenerlas ordenadas es una tarea que le corresponde.

El tercer capítulo desplaza el foco de atención al resto de la casa, a los territorios comunes, y va desgranando uno a uno (salón, cocina, etc.) el papel que el niño puede jugar en el esfuerzo colectivo de tenerlos recogidos.

El cuarto toma distancia de la idea de recoger cosas concretas para reflexionar sobre «el cuarto del niño» desde un punto de vista más conceptual. Hasta qué punto y para qué es necesario que tenga su espacio, y cuándo y de qué manera debemos los padres acceder a él para comprobar su estado.

Como verás por este recorrido por los principales contenidos de cada capítulo, a través del ejercicio de ordenar, padres e hijos aprenden no solo técnicas sencillas para conseguir tener la casa recogida sino, y en mi opinión más importante, a reflexionar sobre asuntos como la forma en que tratamos los objetos y como respetamos a los miembros de nuestra familia. El verdadero objetivo de este libro es que descubras por ti mismo estos elementos y puedas incorporarlos en tu vida diaria.

Te invito a empezar a leer por donde más te interese, donde puedas o donde quieras.

Nagisa Tatsumi

ANTES DE EMPEZAR

Bases necesarias para poder ordenar

A los niños no les gusta ordenar

A partir de los 2 años más o menos, los niños empiezan a preguntarse qué querrán decir las palabras «ordenar» y «recoger» que tantas veces oyen decir a sus madres.

«Vamos a ordenar antes de comer.»

«La habitación está hecha un desastre, ¿la ordenamos?»

«Tenemos visita, recoge esto.»

Y, por supuesto, los gritos del tipo:

«¿Cuántas veces tengo que repetírtelo? ¡Recoge de una vez!»

Pero a los niños no les gusta ordenar. Tampoco es que a los adultos nos entusiasme, en general, pero en el caso de los pequeños el rechazo es evidente. En cambio, cuando se ponen a sacar juguetes, coger un plato para servirse una merienda que les gusta, alinear cubos y palas para jugar en la arena o elegir la ropa que quieren ponerse del armario, esto no ocurre. Y es que el acto de «sacar» no conlleva la misma carga negativa a sus oídos.

A veces creo que los seres humanos no tenemos el comportamiento de ordenar grabado en los genes. El acto de sacar implica la satisfacción de una necesidad o un deseo, algo que el hecho de recoger, guardar u ordenar no comparte. Por lo tanto, solo me queda pensar que el impulso de ordenar es algo que nuestras madres han ido grabando en nuestras mentes a base de regañinas.

Por todo esto, cuando a un niño aún no se le ha enseñado a ordenar, no se trata tanto de que «no pueda» hacerlo como de que aún no sepa cómo. Y en consecuencia no deberíamos decir que a los niños no se les da bien ordenar, sino simplemente que no entienden cómo funciona el proceso.

¿Un niño que no es capaz de ordenar se está portando mal?

Ningún niño sabe ordenar correctamente sus cosas de buenas a primeras. Partiendo de esa base, a ellos no les molesta ni les pone nerviosos que algo esté «hecho un desastre» (desde el punto de vista de sus padres), por lo que no podemos considerar que un niño que no ordena se esté portando mal o sea rebelde. De hecho, se trata de un comportamiento normal, y cuando nos limitamos a ordenarles que recojan u ordenen algo sin añadir ninguna instrucción más, lo único que estamos haciendo es confundirlos.

Un niño no se merece que le digan que es «malo» solo porque deja las cosas tiradas, pero es un error recoger en su lugar creyendo que aún no está preparado o pensando que acabaremos antes si lo hacemos nosotros directamente.

Tenemos que enseñarles a ordenar igual que les enseñamos a hablar, a sujetar una taza o a cortar con unas tijeras. Aunque pueda resultar algo cansino, la única manera de conseguir que los niños ordenen es hacerlo con ellos paso a paso hasta que aprendan y sean capaces de recoger solos.

Nada de amenazas

Sería estupendo que existieran unas palabras mágicas que consiguieran que los niños aprendieran a ser ordenados de la noche a la mañana, a golpe de abracadabra. Por desgracia no las hay, y alguna vez yo misma he terminado amenazando a mis hijos con tirarles todas sus cosas si no ordenaban el desastre de su cuarto, o diciéndoles que no podrían subir al piso de arriba hasta que recogieran el salón (su habitación está en el segundo piso, por cierto).

Mi marido suele ir al grano en estos casos:

«Si no cuidas tus cosas (en otras palabras, las mantienes ordenadas), no te compraré nada más.»

También tengo una conocida que amenaza a su hijo con que vendrá el Gran Buda y se llevará todo lo que no esté en su sitio. Por lo visto, cuando era pequeño fueron a visitar la estatua del Gran Buda de Kamakura y al niño le impresionó mucho. Solo imaginarse que el gigantesco Buda podía aparecer en su casa resultaba para él amenaza suficiente.

En mi casa hubo una época en la que nos inventábamos monstruos para cada caso concreto: teníamos «el devorapitos», un monstruo que se les iba a comer el pito si se ponían a correr desnudos por casa después del baño, y también «el quemador», que les provocaría quemaduras si se acercaban demasiado a la chimenea, pero nunca se nos ocurrió crear una alternativa similar para fomentar el orden.

La razón es muy sencilla: la amenaza de que sus juguetes se romperían solos si no los recogían no resultaba creíble, y decirles que desaparecerían si no los ordenaban tampoco parecía preocuparles en exceso.

Todo esto nos llevaba a las amenazas clásicas: «te los voy a tirar», «no te compraré nada más», «te quedas sin merendar», «no verás la tele hasta que recojas», etc. Sin embargo, en el fondo ninguna de estas amenazas soluciona el problema, ya que los niños no están ordenando porque haya salido de ellos, sino para evitar el castigo prometido. Es más, con las amenazas solo conseguimos que ellos aprendan a disimular en lugar de ordenar de verdad, con lo que muchas veces se limitan a coger las cosas del suelo y apilarlas sobre la mesa, sin más, o bien a meterlas todas en un cajón o en el armario tal y como van cayendo.

Las amenazas de castigo solo son justificables, como último recurso, en los casos en los que un niño que ya sabe ordenar como es debido se niegue a hacerlo. Desde luego, no sirven para que aprendan cómo hacerlo.

¿Por dónde empiezo?

Ya que hemos establecido que no existe una fórmula mágica, a los padres no nos queda más remedio que hacer de tripas corazón e inculcarles el hábito del orden. El problema es por dónde empezamos.

Tengo una amiga que no sabe cómo enseñarle a ordenar a su hijo porque ella misma es tan desorganizada que de hecho necesitaría que le enseñaran a ordenar a ella primero. Está convencida de que es imposible que su hijo sea capaz de aprender a ser ordenado con una madre como ella.

En parte tiene razón: si los padres no saben hacer algo, difícilmente se lo van a poder enseñar a sus hijos, pero, aunque como personas se nos dé mal algo, como padres que somos hay muchas cosas que podemos ir aprendiendo sobre la marcha.

Por ejemplo, es normal que relajemos nuestras formas en la mesa cuando estamos en familia o con amigos, pero cuando tenemos a nuestros hijos sentados a la mesa tratamos de inculcarles que se comporten y utilicen bien los cubiertos. Al mismo tiempo, somos más cuidadosos con lo que hacemos para evitar que los niños nos echen en cara que no seguimos nuestras propias indicaciones. Antes de enseñarles a usar bien los cubiertos deberíamos comprobar que nosotros también los estamos usando como corresponde.

De igual forma, si les pedimos que no dejen nada en el plato, hay que predicar con el ejemplo, porque lo primero que van a hacer ellos es fijarse en cómo lo tenemos nosotros.

La conclusión es que corregimos nuestro propio comportamiento a base de ir corrigiendo el de nuestros hijos. En numerosas ocasiones matamos dos pájaros de un tiro y aprendemos al mismo tiempo que les enseñamos a ellos. El caso del orden no es diferente, por lo que, si queremos enseñar a ordenar a nuestros hijos, antes tenemos que aprender a hacerlo nosotros.

¿Por qué ordenar es tan importante?

Esa es la pregunta que deberíamos hacernos todos antes de empezar. ¿Por qué es importante mantener el orden?

Seguro que lo primero que nos viene a la cabeza son razones del tipo «me da vergüenza que alguien vea este desorden» o «dejar la ropa sucia tirada por casa es desagradable». Pero ¿por qué pensamos así? Vamos a intentar enfocarlo desde el punto de vista de las tareas del hogar: todos tenemos un amigo o amiga que no es muy bueno cocinando, pero es algo que justificamos porque no todo el mundo puede ser bueno en todo y cada persona tiene unas habilidades que la caracterizan y diferencian de las otras.

En cambio, cuando visitamos a un amigo o conocido y atisbamos una habitación desordenada desde la entrada o nos confundimos con el baño y abrimos la puerta de algún trastero desordenado o un armario con la ropa sin doblar, es como si de pronto le clasificáramos en una categoría diferente de personas.

Y es que, por algún motivo, la falta de orden nos hace dudar de los principios de la persona desordenada.

La importancia del orden puede explicarse también desde el punto de vista de la salud (o los problemas que puede acarrear el polvo acumulado), la comodidad (la ropa sin doblar se queda arrugada y luego hay que plancharla), o la prevención de problemas innecesarios (dejar las facturas tiradas por cualquier parte facilita que nos olvidemos de ellas). Existe, sin embargo, una razón más importante que mecionaré inmediatamente.

El orden es uno de los pilares del ser humano

Para mí, ordenar no se limita a dejar cada cosa en su sitio y mantener la casa limpia y pulcra.

A diferencia de otros animales, los seres humanos utilizamos objetos que nos ayudan a vivir: somos animales sociales que nos sentimos instintivamente inclinados a vivir en compañía de otras personas, con un cuerpo con manos y pies que podemos utilizar a nuestro favor. No somos solo cerebro y raciocinio, y eso es precisamente el factor que nos hace humanos.

Cuando hablamos de ser capaces de ordenar, estamos haciendo referencia a la capacidad de dominar tres características esenciales como personas: *saber manipular correctamente* los objetos que nos rodean, *saber convivir con otras personas* y *saber llevar una vida activa*.

Dicho de otra forma, cuando pensamos que queremos hijos ordenados, que sepan limpiar y guardar las cosas, en realidad queremos hijos que dominen los puntos clave que les permitirán llevar una vida plena y feliz en sociedad. De ahí la importancia de que les inculquemos el hábito del orden desde pequeños.

Cuando visitamos una casa desordenada, solemos fingir que no lo hemos visto o que no es para tanto porque no podemos evitar sentir que hemos visto algo que no debíamos. ¿No será que instintivamente dudamos de si esa persona ha interiorizado las bases que nos hacen humanos?

Niños que saben manipular los objetos que les rodean

Vamos a profundizar un poco más en la capacidad de manipular los objetos que nos rodean, uno de los tres componentes básicos del orden.

Vivimos rodeados de objetos, sobre todo en el mundo moderno, donde la cantidad de cosas que tenemos ha aumentado muchísimo. No sería exagerado afirmar que cada uno de nosotros podemos llegar a manipular miles de cosas en nuestra vida, sin que se trate ni de regalos ni de objetos realmente necesarios para vivir; son simplemente cosas que hemos elegido porque hemos considerado que las necesitábamos, o que nos hacían felices.

En estos tiempos de abundancia el mundo se ha convertido en un entorno colmado, y necesitamos una cierta habilidad para interactuar bien con los objetos si queremos poder habitar en él.

El orden va más allá de guardar, doblar o colocar cosas de determinada manera. Sobre todo en estos tiempos, necesitamos ser capaces de discernir si conservamos o tiramos algo o dónde podemos colocarlo para que nos resulte más fácil utilizarlo o volver a reubicarlo una vez usado, o si tenemos demasiadas cosas o muy pocas. El orden es la estrategia que nos permite tomar una decisión en cada uno de estos casos y ser conscientes de nuestra relación con las cosas.

No hay más que fijarse en el dicho popular según el cual podemos saber cómo es una persona por cómo coloca los libros en sus estanterías; o en las palabras de Brillat-Savarin, jurista francés del siglo XVIII, que escribió el primer tratado de gastronomía del mundo, en el que afirmó que era capaz de adivinar la personalidad de una persona solo con ver cómo comía. En el caso del orden ocurre lo mismo: dime qué cosas tienes en casa y te diré quién eres.

Resumiendo, estos son algunos ejemplos de lo que podemos conseguir a través del orden:

- **Ser responsables de nuestras propias cosas**
  A nosotros nos corresponde organizar nuestras cosas, y ese proceso puede ayudarnos a conocernos mejor como personas.

- **Saber diferenciar entre lo que necesitamos y lo que no**
  La capacidad de diferenciar no se limita solo a determinar qué objetos son necesarios y cuáles no: tener las ideas claras al respecto también nos ayudará a la hora de tomar otras decisiones, inevitables en la vida. Si practicamos y aprendemos desde pequeños a realizar esa distinción, con el tiempo adquiriremos la capacidad de juzgar mejor nuestro entorno.

- **Saber cuál es la cantidad justa de algo para nosotros**
  Tener muchas cosas no significa ser más rico: el más rico es el que tiene la cantidad de cosas justas. Ese dato podemos determinarlo si sabemos la cantidad de cosas que somos capaces de mantener en orden en nuestro cuarto o nuestra casa. Dicho de otra manera: el orden nos ayuda a comprender si tenemos demasiadas cosas.

- **Las cosas no son para tenerlas, sino para usarlas**
  Cuando sabes mantener el orden en tus cosas como es debido, también sabes aprovecharlas y darles una utilidad práctica. Por ejemplo, si dejamos las tijeras tiradas por ahí perderemos el tiempo buscándolas cuando las necesitemos. Lo mismo con la ropa guardada de cualquier manera en el armario. Además, los objetos que utilizamos con regularidad no solo deberían estar ordenados de modo que resulten fáciles de localizar, sino también fáciles de volver a colocar en su sitio. A medida que ponemos en práctica estos sistemas también aprendemos cuál es la manera más efectiva de usar las cosas.

Niños que sepan vivir en sociedad

El siguiente punto clave que fomenta el orden es la capacidad de interactuar con otros miembros de la sociedad. Huelga decir que tenemos que vivir en compañía de otras personas, aunque no nos guste, empezando por la familia, hermanos, padres, esposos, hijos... y luego la gente que vemos todos los días: vecinos, compañeros de estudios, del trabajo, etc. Para muchos la convivencia no solo no es algo deseable, sino que les resulta un fastidio, pero no les queda más remedio que gestionarla lo mejor posible para vivir como personas.

Existe una expresión que afirma que «la familia es una sociedad en pequeño», algo con lo que yo estoy de acuerdo, ya que de niños aprendemos cómo relacionarnos con el exterior conviviendo primero con nuestros padres y con nuestra familia directa. Es también en casa donde aprendemos que interactuar con otras personas puede proporcionarnos felicidad.

Pero en casa, además de interactuar con las personas, hacemos lo propio con los objetos, tanto si compartimos su uso con otros miembros de la familia como si nos pertenecen a nosotros.

Tal vez deberíamos pensar si, dentro de la familia, la manera de ordenar debería responder por una parte a cómo debemos comportarnos cuando estamos en casa y, por otra, a cómo interactuamos con los objetos que encontramos en ella.

Intentemos resumir:

- **Adivinar la voluntad del otro en la convivencia**
  Cuando la madre le pide al niño que ordene, este entiende rápidamente que su deseo es ese: que recoja. En cambio, si lo expresa de otra forma, comentando solamente que «el cuarto está hecho un desastre», al pequeño le puede surgir la duda en un principio, aunque pronto aprenderá que ahí también está implicado que debería recoger. Esta capacidad para saber leer entre líneas no aparece de un día para otro: es fruto de interacciones concretas entre padres e hijos y el proceso de ordenar puede ayudar a desarrollarla.

- **Saber transmitir a otros lo que queremos**
  Es frecuente que el niño proteste y afirme que «todavía está jugando» cuando la madre le pide que recoja sus juguetes, y muchas veces la madre no saber distinguir si lo dice porque de verdad no quiere

dejar el juego a medias o simplemente porque no le apetece ponerse a recoger. Pongamos por ejemplo que hablamos de unos bloques de construcción. En lugar de limitarse a decir «todavía estoy jugando», el niño podría expresar sus deseos de forma más clara: «¿Puedo dejar estos bloques puestos aquí para continuar después?». Así, la capacidad para establecer una comunicación clara con otros es otra habilidad que puede ser potenciada por el orden.

- **Pensar en los demás**

  Esta capacidad puede evolucionar desde ser conscientes de algo simple, como «si dejo mis juguetes tirados en el salón sin recoger puedo molestar a mi familia», hasta un más evolucionado «no debería sentarme en el suelo del tren porque molesto a los demás pasajeros». Normalmente, nuestro objetivo es educar a niños para que sean considerados con los que les rodean, y hacerles ordenar con ese motivo en mente es una excelente manera de fomentar ese comportamiento hasta que se convierta en hábito para ellos.

- **Saber respetar el espacio de los demás**

  Aunque la casa es un lugar que utiliza toda la familia, cada miembro de la misma cuenta con su propio espacio, aunque es posible que los niños más pequeños compartan un espacio común con los padres y jueguen en él, por ejemplo, en el salón. Este último punto es importante: por pequeño que sea el espacio, deberíamos proporcionar al niño uno propio para dejar sus juguetes, libros o útiles escolares.

El problema viene cuando se dejan los juguetes tirados por el suelo, ocupando una zona que se comparte con otros miembros de la familia. En estos casos la excusa de «este es mi rincón y hago lo que quiero con él» no es válida, y el niño debe aprender que su rincón y su orden son su responsabilidad. También hay que hacerle comprender que si empieza a dejar juguetes fuera de su espacio designado está molestando al resto de miembros de la familia, que no pueden usar el salón como quisieran.

Que sea una habitación de todos no le da derecho a hacer lo que quiera con ella, por lo que debe esforzarse por mantener su rincón ordenado, para que todos puedan disfrutarla por igual. Así aprenderá también a mostrar consideración hacia los otros.

- **Saber qué nos corresponde hacer en la convivencia**

Estos dos últimos puntos se encuentran relacionados entre sí. A través del hábito de ordenar sus propias cosas dentro del entorno familiar, el niño asume que debe comportarse de igual forma con otras personas, actuando por su cuenta cuando se trata de sus asuntos y sin buscar ni depender de la ayuda de nadie. Y mejor aún si además comprende que si todo un grupo usa ciertas cosas, él forma parte de ese grupo. Aunque estas no le pertenezcan, también le corresponde encargarse de que estén ordenadas y cuidadas.

Niños que llevan una vida activa

Para terminar, vamos a analizar el último de los puntos clave: llevar una vida activa.

En el mundo actual, se nos ha facilitado mucho el poder aprender y comprender cosas solo con nuestra mente. Por ejemplo, ya no hace falta que recorramos bibliotecas en busca de información o que experimentemos algo por nosotros mismos para conocerlo, ya que internet nos ha facilitado el acceso a datos de todo tipo, desde consejos de belleza hasta técnicas impartidas por profesionales. Es tal la cantidad de información concreta y de explicaciones paso a paso disponibles en la red que hemos llegado a un punto en el que la sociedad considera que la persona que no aprovecha esa fuente de información e intenta aprender las cosas a base de prueba y error, con la probabilidad de fracasar en el intento, es poco más que un idiota.

No niego que se trata de un sistema muy práctico y digno de agradecer, pero es preocupante que los niños se acostumbren a ejercitar únicamente la mente, sin moverse apenas.

¿Acaso para dominar correctamente una técnica no es necesario un proceso que implique intentarlo, fracasar, analizar lo que has hecho mal, volverlo a intentar y así una vez tras otras hasta alcanzar el resultado deseado? Hay descubrimientos a los que solo se llega después de poner en práctica con el cuerpo algo que la cabeza ha ideado, y otros en los que es el análisis mental de lo que se ha hecho lo que nos lleva al mismo. En cualquier caso, la mente no debería prescindir del cuerpo y viceversa: es importante ejercitar ambas cosas sin concentrarnos excesivamente en una u otra para poder llevar una vida sana.

Yo soy de la opinión de que ejercitar el cuerpo ayuda a ejercitar la mente. Precisamente porque estamos en un mundo en el que podemos prosperar fácilmente solo con la segunda, creo que es primordial que enseñemos al niño (y nos lo apliquemos a nosotros mismos como adultos) la importancia de las tareas activas.

A través de una tarea como es ordenar, que nos obliga a movernos para completarla, es posible adquirir una comprensión instintiva de los siguientes factores:

- **Lo importante es el proceso, no el resultado**

  Cuando el niño cree que «ordenar» significa cumplir el objetivo de «dejar limpia la habitación», ese es el único resultado que tratará de conseguir, por lo que podrían encargárselo a un profesional de la limpieza y ahorrarse el esfuerzo. No obstante, en realidad «ordenar» consta de varios procesos que, a mi modo de ver, pueden resultar muy entretenidos.

  Cuando el niño entiende el proceso, todo le resulta más satisfactorio. Por ejemplo, si ayuda a preparar la comida, ya sea batiendo huevos o lavando verduras, estará más conforme acabándose el plato que de otra forma.

  En general, las personas vivimos vidas más plenas cuando sabemos apreciar los procesos que implican nuestros actos.

- **Lo que debe hacerse ahora, se hace**

  La motivación es un factor clave. Es evidente que los niños quieren hacer cuanto antes lo que les parece divertido, mientras que las tareas más fastidiosas les echan atrás. Sin embargo, los niños deben ser conscientes de que, cuando se les pide que ordenen algo, hacerlo de inmediato es la opción más sencilla para ellos, además de la más satisfactoria.

- **Completar una tarea resulta satisfactorio**
Cuando un niño se pone a ordenar algo, la reacción más habitual es hacer lo justo para terminar cuanto antes y liberarse. Sin embargo, deberíamos hacerle entender que si hace un esfuerzo extra, además de liberarse obtendrá la satisfacción de haber completado un trabajo bien hecho.
  ¿No es mucho más agradable ver un cuarto con todo bien ordenado y en su sitio que con las cosas colocadas un poco al buen tuntún?

- **Mantenernos activos es bueno para el espíritu**
En mi opinión, tanto ordenar como las demás tareas del hogar nos proporcionan una oportunidad para mantenernos activos y relajar la mente. En mi caso, por ejemplo, me gusta dedicarme al jardín cuando me siento mentalmente cansada de tanto trabajar. Ocuparnos de una tarea inmediata, física y que no requiere reflexión previa nos permite recuperar la flexibilidad mental. Es importante que los niños aprovechen el tiempo de ocio con algún juego o actividad física, aunque es innegable que combinar juego con responsabilidad en estas actividades les proporciona una mayor capacidad de adaptación y una mayor riqueza espiritual.

Junto a los niños

Si enfocamos la tarea de ordenar desde este punto de vista, por muy fastidiosa que resulte, deberíamos procurar realizarla en compañía de nuestros hijos. De hecho, a mí nunca se me había dado bien el orden: ni cuando era pequeña, ni cuando vivía sola, ni cuando me casé. Le tenía tanta manía que siempre lo mencionaba como la tarea del hogar más fastidiosa para mí, pero resultó que mi marido era un hombre muy ordenado, así que empecé a habituarme a mantener las cosas en su sitio por él.

Cuando tuve a mi primer hijo quise que, en cuanto tuviera uso de razón, fuera un niño versátil y capaz de organizarse solo en las actividades diarias y, poco a poco, noté que yo iba modificando mis hábitos para darle un mejor ejemplo. Los hijos hacen que redescubramos el mundo a través de sus ojos, y la forma de ordenar no es una excepción a eso.

No deberíamos pedir a los niños que ordenaran porque es un deber que les corresponde, sino porque les ayuda a aprender a relacionarse con los objetos y a convivir armoniosamente con ellos. Cuando fui consciente de esto, yo también empecé a «saber ordenar».

Obviamente, aún no he llegado al punto en el que pueda decir «me encanta el orden», pero estoy satisfecha con lo que he logrado. Nuestra naturaleza es la que es y no es posible cambiar lo que nos gusta y lo que no. El objetivo no es que el orden nos guste, sino que ordenemos bien a pesar de todo, y eso es algo que está al alcance de cualquiera. Todo el mundo puede acostumbrarse a ser ordenado, y es mucho mejor empezar de pequeño a adquirir este hábito.

La importancia del orden

El primer paso es concienciarnos nosotros de que el orden es importante. Para todos aquellos que han desistido de adquirir el hábito y se preguntan cómo pueden inculcárselo a sus hijos, lo primero es no darse por vencidos y empezar por tratar de comprender la importancia del orden para después desarrollarlo.

Es más, si nos convencemos a nosotros mismos primero, nos resultará mucho más sencillo involucrarlos a ellos.

En realidad, no se trata de hacerles ordenar hasta que aprendan, sino de ponernos a ordenar con ellos paso a paso. Así, los niños aprenden observando nuestro comportamiento mientras nosotros descubrimos la mejor manera de ordenar con ellos. Una vez somos conscientes de estar haciéndolo bien, la satisfacción personal nos motiva a nosotros y a ellos para seguir haciéndolo.

En líneas generales, lo que se ha comentado en este capítulo son una serie de consejos para los padres, para que sepan explicar a sus hijos por qué hay que ordenar cuando estos protesten o se lo pregunten. Es más, los padres debemos evitar responder a esa clase de reacciones con los clásicos «porque lo digo yo» o «lo hago por tu bien», ya que esto resulta contraproducente y solo tiene el efecto contrario al que perseguimos.

Es natural resistirnos cuando alguien trata de modificar nuestro comportamiento hasta que nosotros mismos somos conscientes de la importancia de actuar de esa manera y no de otra. Una vez los niños entienden esto, a los padres debería bastarnos con recordarles una sola vez que deben ordenar para que lo hagan: si la relación de confianza entre padres e hijos es sólida, los niños sabrán interpretar exactamente lo que se espera de ellos.

Capítulo 1

ANTES DE PEDIRLES QUE ORDENEN, LOS PADRES DEBEMOS GUIARLOS

Antes de pedirles que ordenen

Antes que nada, vamos a pensar qué hacemos nosotros cuando estamos en la cocina: cuando decidimos que vamos a preparar algo, lo primero que hacemos es sacar los ingredientes y los utensilios que vamos a necesitar. Y para poder hacer eso, tenemos que saber dónde se encuentra cada cosa.

En una cocina recién estrenada nos cuesta un tiempo localizarlo todo, y el mismo problema ocurre en un piso alquilado o cuando volvemos a casa de nuestros padres después de cierto tiempo. Sin embargo, una vez que nos hemos hecho nuestra la cocina, no necesitamos perder tiempo pensando dónde estarán las sartenes, ni tampoco pararnos a buscar los aliños en un momento dado: las manos se mueven solas por la fuerza de la costumbre sin que ni siquiera necesitemos pensarlo. El resultado es que podemos concentrarnos por completo en el proceso de cocinar.

Lo mismo ocurre con el orden. No deberíamos tener que parar a cada paso para preguntarnos dónde va este libro o si la mesa está bien así o no; el cuerpo debería haber memorizado mecánicamente dónde va cada cosa.

Así nos aseguramos de que el niño tendrá suficiente energía para ordenar como es debido. Por eso, antes que nada, hay que guiarles para que ellos sepan dónde va cada cosa: «el muñeco en la estantería», «el pijama debajo de la almohada», etc.

De lo contrario, los niños se pierden y no se llega a ninguna parte.

Es mejor dividir el proceso

La pregunta clave es cómo conseguimos que se pongan a ordenar cuanto antes. Para encontrar la respuesta, vamos a analizar el proceso del orden y a fijarnos en cada una de sus partes. El primer paso es tratar de no agruparlo todo en una sola palabra.

- **Ordenar y limpiar son dos cosas diferentes**

  Normalmente, cuando hablamos de «limpiar» en el día a día, englobamos los procesos de limpieza y orden y vamos recogiendo las cosas y colocándolas en su sitio al mismo tiempo que barremos, pasamos la aspiradora o vamos quitando el polvo. Pero al hacerlo así solo provocamos confusión en la mente, por lo que es mejor separar los procesos de limpieza y orden.

  Si no sabemos separarlos, cuando a los niños les hablamos de «ordenar», la idea de «ponerse a limpiar» es la prevalente, ya que ellos lo ven como una misma cosa. Vamos a pararnos a pensar un momento: cuando pensamos «no me gusta ordenar», ¿qué es lo que nos provoca rechazo en realidad? ¿Colocar las cosas en su lugar correspondiente o limpiar la suciedad? ¿A qué nos referimos cuando alabamos a una persona por tener su casa ordenada? ¿A que la mantiene limpia como una patena o a que cada cosa está bien colocada y en su sitio?

En mi caso personal, yo tengo claro que lo que no se me da bien es limpiar, en parte porque no tengo buena vista y en parte porque mi personalidad no es excesivamente meticulosa; por eso muchas veces me doy por satisfecha y creo que ya no hay polvo donde otra persona sí lo vería. En cambio, me molesta mucho ver los cojines mal colocados en el sofá o las cintas de vídeo apiladas sin más al lado del televisor, y no puedo evitar levantarme para colocar bien los cojines o guardar las cintas en su cajón.

Esto no se trata simplemente de una inclinación personal o de la voluntad de imponer ese comportamiento. Sería estupendo que a nuestros hijos les encantara ordenar y limpiar a la vez, pero para empezar lo mejor es separar claramente una cosa de la otra. Cuando se ordena, hay que centrarse en dónde va cada cosa y, cuando se limpia, hay que centrarse en que no quede suciedad ni polvo. Si somos capaces de separar ambas labores, eliminamos la mitad del desagrado que sienten los niños por la tarea, con lo que nos resulta más fácil que colaboren con la que nos interesa en este caso, que es el orden.

- **Tirar y ordenar son dos cosas diferentes**

La clave del orden está en colocar las cosas en el lugar al que nos resulte más fácil acceder cuando las necesitemos. Hablo de las cosas que solemos usar, evidentemente, por lo que uno de los primeros pasos debe ser distinguir entre lo que sí usamos (cosas necesarias) y lo que no usamos casi nunca (cosas innecesarias), porque lo innecesario podemos colocarlo en lugares a los que cueste más acceder, o simplemente tirarlo para hacer espacio. Una vez hayamos determinado un lugar específico para cada objeto necesario, la tarea de ordenar será mucho más sencilla.

Los niños son mucho más posesivos que los adultos en ese sentido y tienden a pensar que necesitan todo lo que tienen. Basta con que mamá intente convencerles de que tiren algún juguete porque ya nunca juegan con él para que se pongan a la defensiva y se nieguen a desprenderse del mismo aunque se hubieran olvidado de su existencia hasta que se lo mencionaron. Lo mismo pasa cuando se les sugiere que regalen alguna tontería como las pegatinas que vienen con los pastelitos. La mera sugerencia de que se deshagan de ellas es suficiente para que se cierren en banda asegurando que la quieren.

Por esa razón, en lugar de ir directos al grano y preguntarles si van a tirar algo después de mucho tiempo, arriesgándonos a que nos digan que no y nos toque guardarlo de nuevo en el fondo del armario, es recomendable irles haciendo la pregunta de «si juegan con ello o no» cada vez que ordenen su caja o estante de juguetes, para que vayan llegando a la conclusión de que podrían deshacerse del juguete por sí mismos antes de que nosotros les preguntemos si «podemos tirarlo».

Como padres no debemos olvidar que, aunque para nosotros algo puede ser una bobada, o básicamente basura, para un niño puede tener un valor sentimental muy grande, por lo que no es recomendable tirarles cosas sin que ellos estén de acuerdo en hacerlo. En cambio, los padres tendemos a pensar que los niños deberían conservar los juguetes nuevos cuando tal vez ellos ya se hayan aburrido o nunca les hayan interesado. En cualquier caso, si el niño nos responde que «ya no lo usa» o «no lo quiere», lo mejor que podemos hacer es deshacernos de ese juguete.

Por supuesto, todo esto sin olvidar que los niños son niños y aún no son capaces de tomar decisiones lógicas por sí mismo. Lo normal es que los padres tengamos que razonar con los menores de 10 años para hacerles ver que realmente «ya no juegan nunca con eso» o si «no sería mejor guardarlo donde no ocupe el espacio de otras cosas que sí usa» antes de obtener su aprobación.

También existe la posibilidad de tirar el juguete sin que el niño lo sepa, aunque no es un comportamiento recomendable en caso de que el niño tenga más de 3 años, porque de repente puede acordarse de que lo tenía y coger una rabieta cuando descubra que papá o mamá se lo han tirado. Seguro que más de un padre ha sufrido esta experiencia en sus carnes.

No deberíamos preocuparnos en el caso de que los niños se arrepientan después de haber decidido tirar un juguete, ya que esa puede ser una buena experiencia para ellos. Si se enfadan con los padres por haberlo tirado, lo mejor es recordarles que fueron ellos mismos los que decidieron que se podía tirar ese juguete. Es una buena manera de hacerles entender que son responsables de sus propias decisiones y que no deberían tomarlas a la ligera porque pueden arrepentirse después. En mi opinión, esa es una lección muy importante en la vida.

Los tres pasos del proceso del orden

Ya hemos determinado que ordenar no es lo mismo que limpiar, pero ¿en qué consiste exactamente el proceso de «ordenar»? Teniendo en cuenta la actividad cotidiana de los niños, estos son los tres puntos que deberían aplicarse:

1. *Devolver a su sitio lo que han sacado*
   Libros, tijeras y demás materiales del colegio, juguetes, pañuelos y otras cosas que puedan usar en casa: los niños deberían devolver todas estas cosas a su lugar correspondiente en cuanto terminaran de usarlas... aunque la triste verdad es que es raro que salga de ellos hacerlo.

2. *Devolver a su sitio lo que se han llevado fuera de casa*
   La ropa, la mochila, el móvil (si lo tienen), la bolsa del almuerzo... Los niños llevan muchas cosas cuando salen de casa. Saben que todas estas cosas deben llevarlas encima o mantenerlas cerca mientras están fuera, pero tienden a dejarlas tiradas por cualquier parte en cuanto vuelven.

3. *Colocar en su sitio lo que han traído a casa*
Fotocopias o fichas que les hayan entregado en el colegio, juguetes que se hayan comprado y demás cosas que hasta entonces no tenían en casa. Lo primero que deberían hacer es buscar un lugar apropiado en el que colocarlas: nada de dejarlas sin más sobre la mesa o meterlas en el primer cajón que se les ocurra.

Simplificando, si tenemos en cuenta estos tres puntos, el «orden» que deben mantener los niños se resume en:

- Devolver las cosas a su sitio después de usarlas.
- Devolver las cosas a su sitio al volver a casa.
- Colocar en un sitio apropiado lo que traigan nuevo (y tirar lo que sobre).

Los niños deben interiorizan estos tres comportamientos para poder ordenar correcta y rápidamente en cuanto sus padres se lo pidan, pero... ¿cómo lo conseguimos?

Los padres debemos actuar como guías (con ellos)

Para empezar, tenemos que aplicar los tres puntos anteriores con los niños para darles ejemplo. Pero, antes de nada, debemos tener previstas varias cosas para facilitarles que puedan ordenar algo en cuanto se les pide, sin necesidad de pararse a pensar demasiado.

- **Cosas que debemos determinar los padres**

1. *Decidir dónde va cada cosa*

Retomando el ejemplo de la cocina, vemos que, si tenemos que pararnos a pensar dónde está cada cosa a cada paso, solo conseguimos que la tarea que estamos realizando nos resulte un fastidio.

Lo más práctico es ser consciente de dónde está cada cosa hasta el punto de que no necesitemos pensar antes de actuar.

En el caso del orden, lo primero que hay que hacer para poder reaccionar automáticamente es decidir dónde se coloca cada cosa y dejarla siempre ahí. Aunque en lugar de centrarse en «dónde debería estar», es mejor preguntarse «dónde la pongo para que sea más práctico usarla» a la hora de tomar esa decisión.

Por ejemplo: las fotocopias de clase van en el segundo cajón del escritorio; las tijeras, en el primero, las muñecas, en la estantería sobre la cama, los peluches, en la cesta de los juguetes, los coches teledirigidos, en la parte de arriba de la estantería de los juguetes; el abrigo, en el perchero de la entrada, el uniforme, colgado de una percha en el armario, etc.

Una vez hayamos determinado dónde se coloca cada objeto, el gesto para ordenar se vuelve automático y no hay necesidad de pensar dónde podemos ponerlo. Para simplificar el proceso, todas las cosas de un mismo tipo deberían colocarse en el mismo lugar, organizando mentalmente nuestros propios grupos y procurando seguir una cierta lógica. Por ejemplo, colocar los coches teledirigidos con las maquetas de juguete o los portaminas con los lápices de colorear, etc. Esta es una decisión que también puede dejarse en manos de los niños.

En cualquier caso, somos los padres los que debemos ir guiando al niño, sobre todo con los más pequeños, ya que les resulta difícil ser conscientes de la diferencia entre una «categoría» de objetos y otra.

Precisamente por eso, para poder ayudar mejor a su hijo, el padre o la madre deberían ser capaces de clasificar el objeto a primera vista y acompañar al niño a colocarlo en el lugar que le corresponda. Podemos dividir la habitación del niño en «secciones» para que esta tarea resulte más sencilla: la sección de la ropa, la del material escolar, la de los juguetes, la de los libros, etc. Más adelante trataremos este punto con más detenimiento; ahora me limitaré a comentar que dentro de las secciones puede haber subsecciones. Por ejemplo, en la subsección de la ropa tendríamos la de los jerséis, la de las camisas, la de la ropa interior, la de los pantalones, etc. También somos los padres quienes deberíamos decidir qué espacio ocupará cada subsección dentro de su sección correspondiente.

No obstante, no basta con decidir dónde se colocará cada objeto; también tenemos que pensar en cuántos objetos del mismo tipo podemos guardar en ese sitio para no acabar con una cantidad que sobrepase la capacidad del niño (y la nuestra) para organizarlas y mantenerlas ordenadas. Por eso hay que plantearse cuánto podemos guardar de cada cosa sin necesidad de recurrir a un medio de almacenamiento alternativo.

Una vez más, a un niño le resulta muy difícil discernir dónde está el límite de cosas que puede guardar a la vez, porque aún no tiene el concepto de abstracción necesario para ello. De modo que somos los padres quienes debemos tener en cuenta lo que necesitan nuestros hijos (dependiendo de cuáles sean sus costumbres y su personalidad) para decidir cuántas cosas de cada tipo deberían tener y pedirles que descarten algunas (por ejemplo, sugiriéndoles que aparten los coches de juguete que menos les gusten y los pongan en una caja aparte) cuando consideremos que su número empieza a superar el límite de lo razonable.

2. *Decidir cuántas cosas de cada deben tener los niños*

Si a la hora de recoger el niño protesta diciendo que ya no le queda sitio para guardar algo, es el momento para sugerirle que si no le cabe todo es porque está ocupando el espacio con juguetes rotos o cosas que nunca usa. Hay que aprovechar ese momento para que los tire. Ante todo hay que evitar la solución de darle más espacio para los juguetes o añadir una caja nueva. La idea es limitar la cantidad de juguetes, no dejar que aumente ilimitadamente.

Esta cuestión está relacionada con el capítulo 2, como veremos más adelante, pero básicamente diremos que la cantidad ideal de juguetes viene a ser la que ocupe un 70 % del recipiente donde se guardan. La razón es que llegar a ocupar el 100 % del espacio es más fácil de lo que parece. Si se empieza con un 100 %, antes de darnos cuenta tendremos el cesto al 150 %, con todo apretujado dentro, lo que no solo complica sacar el juguete que se desee, sino también volver a colocarlo luego todo como estaba.

No obstante, antes de que los niños lleguen al punto de tener que decir «no me caben las cosas», habrá habido varias oportunidades para deshacernos de lo que ya no resulta necesario. Una manera es ponernos a ordenar con el niño, para sugerirle que no guarde en la caja lo que ya no quiera. Deberemos insistir hasta que se acostumbre a ir deshaciéndose de cosas de forma regular.

Evidentemente, si como padres consideramos que el espacio de almacenamiento se le ha quedado corto, no pasa nada por ampliarlo un poco, pero hay que recordar que al hacerlo estamos enviando el mensaje al niño de que la cantidad justa de juguetes es mayor de la que aprendió en un principio.

Otros detalles que debemos determinar los padres

Para empezar, tenemos que realizar los tres puntos anteriores con los niños para darles ejemplo.

Guardar algo en su sitio en cuanto terminamos de utilizarlo es lo más sencillo del mundo porque solo tenemos que devolverlo al lugar del que lo hemos sacado hace poco. El problema es que a veces lo más sencillo de hacer no es lo que acabamos haciendo.

Los adultos también vamos dejando las cosas por ahí: el cortaúñas encima de la mesita, el libro que hemos terminado de leer sobre el sofá y sin devolverlo a la estantería, el delantal sobre el respaldo de la silla, etc.

Como adultos, nos corresponde ser conscientes de nuestros actos, pero en el caso de los niños es necesario inculcarles el hábito de devolver las cosas a su sitio desde un estadio temprano. Y esa es una tarea que corresponde a los padres.

- **Cosas que debemos determinar los padres**

1. *Enseñarles cuándo deben ordenar*

   Hay que llamarles la atención cuando no dejan las cosas como estaban, usando órdenes concretas: «no dejes las tijeras fuera» o «coloca esa silla en su sitio».

   Pero no solo es importante lo que decimos, sino también cuándo lo decimos. Por ejemplo, cuando vemos que está jugando y primero saca un puzle, luego unos bloques, luego unos muñecos... deberíamos sugerirle que, antes de sacar nada más para jugar, devolviera a su sitio lo que ya ha usado en lugar de esperar a que termine y tenga que recogerlo todo de golpe.

   También es bueno terminar la jornada sugiriéndoles que ya es tarde y que deben recogerlo todo.

   Que adopten la costumbre de guardar las cosas nada más terminar de usarlas es una simple cuestión de tiempo. No es raro que el niño proteste las primeras veces, pero si insistimos en que guardar las cosas cuando ya no las necesitamos es lo normal, acabará aceptando el hecho como algo natural, equivalente a apagar la luz de una habitación cuando sale.

A nadie le gusta que los demás nos den órdenes, ni siquiera a los niños, y una tarea siempre resulta mucho más pesada cuando nos la imponen que cuando sale de nosotros mismos. Por eso a un niño le fastidiará mucho que le manden a fregar los platos, pero puede que esté mucho más dispuesto si propone hacerlo él mismo. Seguro que a todos nos ha pasado algo así en algún momento.

Si la relación padres-hijos es buena, con el tiempo el niño preferirá evitar que sus padres tengan que llamarle la atención y empezará a hacer las cosas por sí mismo.

En estos casos tenemos que ser listos, ya que elegir el momento justo para darles el empujón es especialmente importante. Sobre todo porque cuando el niño se ha propuesto hacer algo, resulta contraproducente que se le regañe diciendo que está todo sucio u ordenándole que limpie de inmediato.

A veces yo misma me planteo si los padres no somos excesivamente insistentes con nuestros hijos. Cuando se trata de otras personas u otros niños, decimos las cosas una sola vez y se acabó, pero con ellos insistimos una y otra vez hasta que nos hartamos nosotros mismos. Por eso no deberíamos dejarnos llevar por las emociones, mantener nuestra postura como padres e insistir solo con las advertencias.

Además, esa insistencia en repetir las cosas solo debería producirse cuando los niños estén en la edad de asumir costumbres. Y aun así los padres deberíamos esforzarnos en no perder los nervios o insistir demasiado.

2. *Facilitarles el sacar y guardar cosas por sí mismos*
Tal y como hemos estipulado en el punto 1, la capacidad de determinar cuál es el mejor momento para corregir a los niños es un factor clave del proceso.

Si nada más llegar a casa dejan tirada la bolsa de deporte, por ejemplo, bastaría con mencionarles que «la bolsa está ahí tirada» para que ellos se den cuenta de que deben recogerla porque ellos ya saben que deberían haberla recogido. La clave es evitar dar la orden directa de «ordena» o «recoge»; debería bastar con indicarles que hay algo que no está en su lugar para que fueran ellos quienes tomaran la iniciativa.

No obstante, saber aprovechar el momento no basta para conseguir que devuelvan las cosas a su sitio como es debido.

Antes hemos comentado que es más fácil recoger automáticamente si antes hemos estipulado un sitio para cada cosa. Si además ese sitio es práctico para sacar dicha cosa y volverla a colocar con facilidad, el proceso se simplifica aún más.

Por ejemplo, pensemos en qué pasaría si el lugar designado para el abrigo que nos ponemos todos los días fuera el armario del dormitorio, que además está en el piso de arriba cuando la entrada se encuentra en la planta baja. ¿Cuál sería el resultado? Lo más probable sería que nos quitáramos el abrigo al entrar y lo dejáramos en el sofá del salón, que sería la primera habitación en nuestro camino. A lo mejor lo subiríamos con nosotros al piso de arriba por la noche, cuando fuéramos a dormir, aunque es probable que lo dejáramos en el salón porque nos lo íbamos a poner otra vez a la mañana siguiente.

En cambio, si pensáramos en colocar una percha o usáramos un punto intermedio entre la entrada y el salón, o la entrada y el baño (si nos lavamos las manos nada más llegar a casa) podríamos tenerlo colocado en su sitio nada más llegar y sin necesidad de dar pasos innecesarios.

Una conocida mía que tiene tres hijos ha colocado un cesto para cada uno en el recibidor y allí es donde dejan las cosas de clase nada más entrar.

Aun así, suele quejarse de que al final es ella la que acaba colocando las cosas en los cestos... En mi opinión, los padres demostramos nuestra habilidad como educadores cuando conseguimos que los niños cumplan con sus tareas por sí mismos y no cuando las hacemos en su lugar.

Otro ejemplo: en el caso de un niño que vaya a clase de dibujo una vez por semana, ¿qué pasa si decidimos que la carpeta y los útiles que usa para esa clase los colocamos en un estante al que solo puede llegar subiéndose en una silla? Pues que le resultará muy pesado tener que ir a buscar la silla cada vez que vuelva, y al final lo dejará encima de cualquier mesa y ahí se pasará la semana entera.

Vamos a tratar de enfocar la cuestión desde el punto de vista contrario: no es recomendable dejar las cosas fuera del alcance directo de los niños a no ser que sean cosas que solo usan una o dos veces al año. Las cosas que utilizan a diario, o todas las semanas, no solo deben colocarse a su alcance, sino además procurar que no haya nada más entorpeciendo el acceso directo a ellas. Por ejemplo, no meterlas en un cajón que cueste abrir ni tampoco en una estantería en la que tenga que recolocar otros objetos alrededor de lo que se ha llevado (porque es un fastidio para ellos).

Parece que nos cuesta un mundo colocar en su sitio (o incluso deshacernos de) las cosas que hemos usado fuera de casa nada más volver. Y eso a pesar de tener un lugar estipulado para colocarlas y una idea de la cantidad de cosas de ese tipo que podemos colocar en ese lugar, lo que siempre nos facilita su colocación. ¿Por qué seguimos sin hacerlo, entonces? Se me ocurren un montón de excusas, pero la más común es que nos da pereza.

En estas ocasiones, lo mejor es evitar que se pregunten «dónde estaba esto antes». Lo que deberían tener es mente es «¿dónde debo colocarlo?», porque es esta opción la que incita una cierta iniciativa por su parte y hace que estén más motivados para colocar el objeto en su sitio.

Además de lo que hemos comentado en el punto 4, hay una serie de normas que pueden implantarse en casa para que los niños dejen las cosas en su sitio nada más llegar a casa.

3. *Establecer unas normas*

Normas, o dicho de otra forma, cosas que no deben hacerse. Los niños deben tener claro que no importa lo que pase en las casas de otros o lo que hagan fulanito o menganito: lo que cuenta son las normas de su casa. Hasta ahora hemos estado hablando sobre un lugar para cada cosa y la cantidad justa de cada cosa, pero estos conceptos deben aplicarse de forma diferente en cada hogar dependiendo de sus circunstancias. Las normas del hogar están para determinar esos detalles y también el modo de aplicarlos adaptados a cada familia.

En mi opinión, los padres son quienes deberían estipular las normas en cada caso. A título personal, me desvío un poco del contenido del capítulo para hacer hincapié en algo que me parece de importancia vital: preparar unas normas claras para aplicar en casa. Gestos sencillos como «no se empieza a comer hasta que estemos todos sentados a la mesa», «no se mira la tele mientras comemos», «no se ignora a nadie cuando te llaman», «se dan los buenos días todas las mañanas», etc.

La clave de estas normas de casa está en que los padres las presenten a los niños como algo que han decidido entre los dos y que no admite discusión. Las normas no están solo para que los niños las cumplan; lo padres deben esforzarse también por respetarlas y defender su postura de forma conjunta si sus hijos se rebelan contra ellas. Son bases de convivencia que toda la familia debería asimilar como propias.

Volviendo al tema del orden, hay dos órdenes básicas que yo recomendaría como punto de partida.

Norma n.º 1:
No se dejan las cosas en los sitios que son de todos

O dicho de otra forma: establecer cuáles son las zonas de la casa que son para todos y cuáles son los espacios personales.

La separación parece simple en un principio: espacio para todos son las habitaciones que usamos todos y el espacio personal, el que el niño u otros miembros de la familia tienen para ellos solos, o compartidos con otros miembros.

Así, la entrada, el pasillo, el baño, el aseo, el salón, etc., son zonas que disfrutan todos los miembros de la familia y que deben mantenerse ordenadas por el bienestar común.

Es habitual que sean los padres quienes se encarguen de barrer el recibidor, limpiar el baño, quitar el polvo al salón o recoger las cosas que van quedando por ahí para volverlas a colocar en su sitio. Este sistema funciona bien para muchas familias, aunque en mi opinión, es mucho más sano enseñar a los niños que el espacio que es de todos tenemos que ayudar a mantenerlo ordenado entre todos.

De hecho, es una costumbre muy positiva para que la aprendan cuando aún son maleables.

Por ejemplo, en caso de que dejen las cosas tiradas en la entrada, cabe recordarles que ahí molestan o que deberían llevar sus cosas a su cuarto y no dejarlas tiradas por el salón.

Por supuesto, esto no significa que puedan hacer lo que les de la gana con su propio espacio. También hay que guiarlos y ayudarlos para que aprendan a mantenerlo ordenado.

Norma nº 2:
No se dejan cosas encima de otras cosas

Encima de la estantería, encima de la mesa, encima del suelo, encima de la cómoda, encima de la lavadora... «Encima» es el lugar más cómodo para dejar cualquier cosa sin pensar demasiado. Precisamente por eso, una de las primeras cosas que debemos hacer es frenar el impulso de colocar las cosas encima de otras cosas. Si los niños lo tienen prohibido, no les quedará más alternativa que pararse a pensar cuál es el lugar correcto para colocar lo que llevan en la mano.

En especial, los niños tienen tendencia a dejar cosas tiradas por el suelo («encima» del suelo) del salón o de su cuarto. Y hay muchos hogares en los que el desorden en el suelo se convierte en un rasgo común de la vida diaria.

No obstante, más que amenazarles con frases del tipo «si un día te tiro todo lo que tienes por el suelo, no te quejes», es mejor llamarles la atención acerca del desorden con preguntas del tipo: «¿Has visto cómo está el suelo?». Es bastante posible que el niño se ponga a recoger si se lo sugieren en lugar de ordenárselo.

En cualquier caso, se trata de una cuestión que queda a criterio de los padres.

No existen normas específicas al respecto, pero personalmente creo que hay que evitar las amenazas que no vayamos a cumplir y las mentiras con nuestros hijos.

Hay muchísima gente que amenaza con tirar las cosas si el niño no las recoge, pero poquísimos que realmente cumplen la amenaza cuando las dejan por ahí tiradas. Así que, si no tenemos el coraje para tirarle los juguetes a nuestro hijo, es mejor que no le amenacemos con ello. Es mejor buscar otra manera de lidiar con él que arriesgarnos a que nos pierda el respeto.

Los niños son más pícaros de lo que parece y enseguida aprenden a distinguir cuándo sus padres les están diciendo algo que van a cumplir y cuándo no. Mi hijo, por ejemplo, sabe que si su padre le pide que recoja y no lo hace, se enfada, así que le hace mucho más caso que cuando yo le sugiero lo mismo. Es más, a veces creo que detecta perfectamente cuándo me da pena y pienso en ayudarle porque es muy tarde o le veo cansado.

En cualquier caso, el tono debería ser una advertencia más que una amenaza y si dices que le tirarás los juguetes, se los tendrás que tirar, igual que cumplirías la promesa de no dejarle ver la televisión si no recogiera sus cosas antes.

La autonomía a los 10 años

Hasta ahora he estado hablando de los niños en general, aunque huelga decir que no se puede tratar de la misma forma a un niño de 3 años que a uno de 8. Es normal preguntarse cuándo deberíamos empezar a inculcarles el hábito del orden o hasta qué edad deberíamos estar ayudándoles a recoger sus cosas.

En mi opinión, las edades clave son los 3, los 6 y los 10 años. Esta es una conclusión a la que he llegado observando a mis propios hijos, a mis sobrinos y a los hijos de amigos, y creo que resultan aplicables a casi todos los niños en esas edades. Son edades clave porque a los 3 años suelen empezar la educación infantil, a los 6 años, la primaria y, a partir de los 10 años, comienzan a ser más independientes y a tener una cierta autonomía.

He dividido la siguiente sección según esas tres etapas que acabo de mencionar.

De 0 a 3 años: los padres deciden y el niño participa

Hasta los 3 años de edad, son los padres los que toman las decisiones sobre qué se recoge y cómo. Sin embargo, es un error dejar que el niño se limite solo a mirar qué hacen. El primer paso es anunciarles que vamos a ordenar antes de empezar la tarea.

Aunque en realidad sea el padre quien haga el 90 % de la tarea, se debe dejar un 10 % de margen para que el niño participe de forma activa. Estas serán tareas muy sencillas como «coloca el cuento ahí» o «pon al conejito en el cesto», que un niño de esa edad sea capaz de realizar sin dificultad. Mientras el niño lleva el cuento o al conejito a su sitio, aprovecharemos para explicarle que los libros se colocan en la estantería o los peluches se meten en el cesto (un sitio para cada cosa) o incluso explicarle que «cuando haya demasiados peluches en el cesto, tendremos que sacar los que sobren» (administrar la cantidad de cada cosa). Mientras las instrucciones sean sencillas, el niño entenderá lo que se le está diciendo.

Después de que «ayude» a los padres a recoger, tenemos que alabarle diciendo lo bien que ordena, lo bonito que está todo ordenado o qué contentos nos ponemos cuando está todo en su sitio, para que vaya siendo consciente del concepto del orden.

De 3 a 6 años: los niños deciden y los padres colaboran

Cuando los niños cumplen los 3 años dejan atrás su etapa de bebés y empiezan a comportarse de forma más autónoma. «Lo hago yo» y «¿por qué?» suelen ser dos frases que adquieren un gran protagonismo en esta etapa. También es habitual que se rebelen y no quieran obedecer a los padres.

Precisamente por eso, esta es la etapa perfecta para crear oportunidades de que reflexionen por sí mismos.

Desde que mis hijos eran pequeños, yo he procurado empujarles a pensar las cosas y que aprendieran a expresar las ideas según las pensaban.

Algunas sugerencias para fomentar el hábito consciente del orden en los niños pueden ser preguntas del tipo «¿Dónde crees que va este libro?» o «este vestido mamá ya no se lo pone, ¿lo tiramos?», etc. Al principio es normal que nos respondan con un «no sé», pero en esos casos debemos insistir: «¿Ponemos el libro aquí?», «pues yo creo que deberíamos hacer esto o aquello». En general, seguir la conversación hasta que piensen una respuesta por sí mismos.

No hay duda de que este proceso les permite darse cuenta de que no para todas las cosas hay una respuesta predeterminada, sino que también es importante la opinión de cada uno.

Volviendo a la cuestión de buscar el momento justo para llamarles la atención sobre algo que está desordenado, esta es la época justa para empezar a implicarlos, aunque al principio es muy común que no sepan muy bien qué hacer o se les olvide que iban a jugar y acaben jugando con lo que iban a recoger. En esos casos debemos ofrecerles nuestra ayuda, aunque la clave está precisamente en la palabra «ayudar», no en hacerlo todo por ellos. Es importante que en esa etapa se vean capaces de completar las tareas ellos solos y se sientan satisfechos con lo que son capaces de hacer. No olvidemos que es importante alabarlos cuando hayan hecho un buen trabajo ordenando y, sobre todo, que eso debería ser suficiente satisfacción para ellos.

De 6 a 10 años: los niños deciden por su cuenta

En esta etapa los niños ya deberían ser capaces de seguir las normas y ponerse en el lugar del otro, a la vez que van sentando las bases que forjarán su identidad como personas y les enseñarán a convivir con otros en armonía.

En lo que se refiere al orden, las tareas vienen a ser más o menos las mismas, solo que a partir de esta etapa los niños deberían empezar a hacer las cosas solos, sin necesidad de que sus padres les ayuden con las tareas. Si los padres ya hemos determinado dónde está el lugar para cada cosa y la cantidad de cada cosa justa, debería bastarnos con buscar el momento justo para sugerirles que recojan y aconsejarles sobre cómo están ordenando. Si el niño viene a preguntarnos directamente porque no sabe qué hacer con algún objeto, lo mejor es orientarle para que sea él mismo quien encuentre la respuesta. Es muy importante estar con él durante ese proceso para corregirle o reafirmar sus decisiones.

Al coincidir con el principio del ciclo de primaria, también es la etapa en la que el niño empieza a pasar más tiempo solo en su cuarto y a desarrollar una mayor conciencia de lo que son espacios para todos y espacios privados, como hemos comentado en el punto tres. No hay duda de que es a partir de ese momento cuando empiezan a desarrollar la conciencia de sí mismos como seres humanos independientes.

Los padres deberíamos permitir que el niño organizara su espacio privado a su gusto, aunque eso no significa que pueda hacer lo que le apetezca solo porque es «suyo». Hay que hacerle entender al niño que ese espacio también forma parte de la casa y no es ni un lugar donde esconderse del resto de su familia ni uno donde pueda hacer nada que moleste al resto de integrantes de la misma.

Aunque el niño cuente con su espacio privado, es conveniente que los padres lo supervisen al menos hasta que cumpla los 10 años, sin intervenir de forma exagerada pero manteniendo un control constante, tanto por el bien de los niños como de la familia en sí.

No debemos olvidar que detrás de la «libertad» para que administre su espacio como él quiera se esconde la «responsabilidad» de mantenerlo en orden. Durante esta etapa los padres debemos aconsejarles, pero procurando no ayudarles con sus tareas si no es estrictamente necesario.

A partir de 10 años: permitir que sean autónomos

A partir de los 10 años los niños empiezan a adentrarse en la pubertad: es la etapa en la que se convierten en personas independientes. Si hasta entonces han entendido y respetado las normas impuestas en casa en lo referente al orden, deberían haber interiorizado la costumbre, con lo que ya no sería necesaria la intervención por parte de los padres en ese aspecto.

Por supuesto, que los padres se dediquen a limpiar u ordenar el cuarto del niño no es una opción a tener en cuenta. A esa edad el pequeño ya es capaz de llevar su ropa sucia al lavadero sin dejarla tirada por el suelo de su cuarto, de cambiar sus sábanas cuando estén sucias, de vaciar la papelera cuando está llena o incluso de llevar su contenido al contenedor de basuras. En esta etapa los padres deberían limitarse únicamente a indicarles qué deben hacer en caso de que se despisten con algo.

Aun así, no dejan de ser niños y siguen dependiendo emocionalmente (y también económicamente) de los padres (o de un tutor), pero se acerca la edad en la que empiezan a ser completamente autónomos.

Por si fuera poco, están en una edad en la que creen que ya son capaces de hacerlo todo solos, por lo que sería recomendable que los padres les diéramos un toque de vez en cuando para que fueran conscientes de que eso no es así. Si el niño trata de imponer sus propias reglas en el hogar, es importante mantenerse firmes y hacerle entender que esa es la casa de sus padres y que allí se respetan las normas de los adultos, y no las de los niños. Por otra parte, y aunque sea capaz de tomar sus propias decisiones, a esa edad el pequeño sigue necesitando el apoyo y la aceptación de sus padres.

RESUMEN DEL CAPÍTULO 1

Cosas que pueden hacer los padres para que ordenar les resulte más sencillo:

1. Decidir cuál es el lugar exacto para colocar cada cosa.
2. Determinar de cuánto espacio de almacenamiento disponemos y cuánto podemos guardar en cada sitio. Evitar guardar demasiadas cosas y estar dispuestos a tirar lo que ya no nos quepa.
3. Insistir hasta inculcar la costumbre de que recojan de inmediato lo que ya no estén usando.
4. Procurar colocar las cosas de manera que a los niños no les cueste sacarlas ni tampoco volverlas a guardar en su sitio solos.
5. Hacerles entender que en casa se hacen las cosas de una manera y fuera de otra. Las normas que deciden los padres no son discutibles.

La experiencia de comprar por sí mismos

La conocida guionista televisiva Kuniko Mukoda escribió acerca de este tema una vez.

Cuando ella era pequeña, su familia les compraba ropa de vestir una vez al año y permitían que cada niño eligiera la ropa por sí mismo.

Un año, Mukoda se había fijado en un vestido amarillo. Era la clase de vestido de moda entre las chicas jóvenes, con muchos volantes y unos bonitos bordados en tono verde oscuro. A ella le parecía precioso y a pesar de que sus padres le recomendaron un modelo de mejor calidad y un corte más clásico, fueron fieles a su filosofía de dejar elegir a sus hijos y se lo compraron como vestido para las ocasiones especiales de aquel año.

Aunque el vestido le había encantado en la tienda, Mukoda se cansó de él después de ponérselo unas cuantas veces. Por si fuera poco, su padre consideraba que con aquel vestido parecía una camarera y no quería que le acompañara así vestida por la ciudad.

Para entonces Mukoda estaba harta del vestido, pero la condición para comprarlo era que ese iba a ser su vestido bueno del año, así que no le quedaba más remedio que ponérselo siempre que la familia salía a alguna parte. Cada vez que decía que quería otro vestido, sus padres le recordaban que lo había elegido ella misma.

Cuando yo leí esta experiencia personal entendí que sus padres habían permitido que su hija experimentara algo por sí misma para que aprendiera una lección. Si se hubiera tratado de algo que sus padres hubieran comprado para ella sin consultarla, ella podría haberles echado la culpa de que no le gustase. Sin embargo, al permitirle que eligiera por sí misma, la responsabilidad era suya.

Además, una vez se dio cuenta de que había cometido un error, sus padres no solo le recordaron que en su momento le dijeron que no era buena idea, sino que la obligaron a cumplir el compromiso que había adquirido al comprar el vestido y que consistía en llevarlo durante un año entero. En resumen, la joven Mukoda tuvo que vivir un año entero con las consecuencias de su decisión. Al mantenerse firmes, sin ofrecerle comprarle un vestido nuevo o permitirle ponerse el vestido del año anterior, obligaron a su hija a darse cuenta de lo que significaba cargar con las responsabilidades de sus actos. En mi opinión, fueron muy buenos padres.

Con una sola experiencia así, el niño aprende dos cosas: que si elige la ropa por capricho puede arrepentirse más adelante, y que debería tener en consideración la opinión de los demás y no solo la suya. Por el contrario, cuando los padres obligan a los hijos a ponerse solo la ropa que ellos eligen sin permitir que los niños decidan, les arrebatan la posibilidad de tomar sus propias decisiones y aprender de las mismas.

Yo prefiero que sean mis hijos los que eligen, aunque sus primeros intentos se salden con fracasos. Así ellos van aprendiendo cómo deben tomar las decisiones correctas.

Por supuesto, sin edulcorar el resultado de una elección desastrosa, para que el niño sea verdaderamente consciente de que ha cometido un error. Esa es la clase de experiencia que necesitan los niños y jóvenes para madurar y ser conscientes de sus responsabilidades. Haber experimentado algo así les permitirá tomar elecciones meditadas y responsables sobre las cosas, los negocios o su forma de vivir una vez alcancen la edad adulta.

Capítulo 2

ASÍ TIENEN QUE VER LAS COSAS LOS NIÑOS EN SU HABITACIÓN

Dividamos el cuarto del niño por sectores

En este capítulo vamos a analizar paso a paso todas las cosas que podemos encontrar en el cuarto de un niño. Para empezar, quiero dejar claro que lo que estoy presentando aquí es mi propio sistema de organización y que no tiene por qué seguirse al pie de la letra: cada uno puede pensar cómo adaptarlo a las cosas que tengan sus hijos y al espacio del que dispongan en casa.

Básicamente, me estoy centrando en cómo organizar la habitación del niño o niña. En el capítulo 4 trataré las posibilidades de ceder espacios propios para los niños en las habitaciones comunes de la casa.

Antes que nada hay que pensar en las categorías en las que podemos clasificar los objetos que los niños suelen tener en sus cuartos. Yo las suelo dividir en seis grupos:

1. Objetos relacionados con el colegio
2. Libros y revistas
3. Objetos de uso a diario
4. Juguetes
5. Ropa
6. Ropa de cama

Cada uno de los grupos debería contar con su propio mueble, o parte de mueble, donde pudieran colocarse todos los objetos correspondientes a ese grupo. Por ejemplo, todo lo relacionado con los estudios en este lado de la mesa, los libros de ocio en el otro, etc.

Del mismo modo que la gente que no para de comprar cosas acaba agrupándolas por tipos para no tener que pasarse el tiempo buscándolas, es importante que separemos las cosas de los niños en diferentes secciones por categorías fácilmente distinguibles.

Cada cosa en su sitio y un número determinado de cosas

¿Y ahora? ¿Qué colocamos en cada sección?

Empecemos por subdividir el grupo de los objetos relacionados con el colegio: los libros de texto por un lado, los cuadernos por otro, los lápices, bolígrafos y colores por otro, las fotocopias o las fichas por otro y para terminar, un grupo donde se coloque todo lo que no puede clasificarse dentro de ninguno de los anteriores.

Después tendremos que decidir qué espacio dedicamos a cada grupo y cuántas cosas de ese grupo pueden caber en ese espacio.

Por ejemplo: los libros de texto alineados sobre la mesa de estudio, el primer cajón de arriba para los cuadernos, las fotocopias y las fichas en una bandeja de papel sobre la mesa, etc.

Cuando decidamos dónde va a ir cada cosa debemos tener en cuenta que a los niños debe resultarles fácil sacar y volver a colocar cada cosa en su lugar. El truco para elegir qué va exactamente en cada grupo está en no pecar de ser ni demasiado puntillosos ni demasiado dejados.

Por ejemplo, si no tenemos una idea lo suficientemente clara en la cabeza no es recomendable elegir el lugar solo porque nos parezca que «deberían» ir ahí: es muy probable que luego nos cueste recordar el lugar mentalmente asignado en el momento, con lo que al final el niño acabará dejando los cuadernos por cualquier sitio.

En cambio, si somos excesivamente dejados con la distribución, el resultado será que no se encontrarán las cosas con facilidad. Y si elegimos el primer lugar con un hueco sin respetar los grupos predeterminados solo conseguiremos que el desorden aumente de manera exponencial.

En líneas generales, no debería de haber más de 5 o 6 grupos de cosas diferentes colocadas en un mismo sector porque resultaría confuso para el niño, en especial si se trata de distinciones muy precisas entre distintos tipos de juguetes, por ejemplo. Tiene tan poco sentido hacer un exceso de divisiones como no hacer ninguna. Un ejemplo de distribución podría ser: el cesto de los peluches, la cesta de los muñequitos de premio, el cajón de los cromos y las pegatinas, el cajón de las cosas de pintar y modelar y el cesto para el resto de cosas. Procuremos organizarlo todo de forma que se pueda ver dónde va cada cosa y comprobar la cantidad a primera vista.

Cuando mi hijo cumplió 5 años, la capacidad del cesto de «un poco de todo» aumentó en exceso y en ese caso no había cosas que se pudieran tirar, por lo que le propuse partirlo en dos cestos: uno con las cosas que usaba normalmente y otro con las que usaba de vez en cuando. La idea es repartir los grupos de forma que para el niño tenga sentido y por lo tanto sea sencillo.

¿Dónde guardamos las cosas?

Las personas que son naturalmente ordenadas pueden hacer maravillas con los cestos. Cuentan con toda mi admiración porque, en mi caso, ni yo ni mis hijos estamos especialmente dotados para el orden. Nos cuesta aprovechar al máximo las posibilidades de cajas, cestos y archivadores. Si tenemos un problema para saber cómo dividir el espacio bien, lo mejor es concentrarnos en colocar las cosas para que resulte práctico sacarlas y meterlas, aunque no respeten un orden o una clasificación concreta.

En cualquier caso, deberíamos descartar por completo los sistemas de organización que quedan muy bonitos a la vista pero complican su manejo al niño. Por ejemplo, colocar cajas con tapa. Si bien hacerlo así evita que se vea el interior, más o menos desastrado, si el niño encuentra que levantar la tapa cada vez le resulta fastidioso, es muy probable que simplemente acabe por dejar las cosas encima en lugar de guardarlas correctamente.

Lo mismo ocurre con los separadores de plástico para dividir el interior de los cajones: queda más agradable a la vista pero implica un paso extra innecesario. Basta con que las cosas correspondientes a ese cajón estén ahí y que sepamos dónde ir a buscarlas cuando las necesitemos. Que mantengan un orden interno o no es lo de menos.

Lo mismo pasa en el caso de los peluches: si elegimos guardarlos en una bolsa difícil de manipular para un niño, seguramente consiga sacarlos cuando le interesen, pero ahí se quedarán luego sin que los vuelva a colocar en su sitio. Con el paso del tiempo en la bolsa de los peluches ya no habrá ninguno porque los habremos recolocado todos en cestos o estantes por resultarnos más prácticos.

De hecho, si podemos apañarnos únicamente con cajones y estantes, es lo más recomendable. En caso de necesitar más recipientes para separar las cosas por grupos, procuremos que estos no tengan tapa o, de tenerla, que sea fácil de poner y quitar.

Cómo decidir en cada caso

A continuación, incluyo varias sugerencias concretas sobre qué podemos hacer con cada tipo de objetos.

- **Juguetes: separarlos por categorías y limitar su número**

  Hasta más o menos los 10 años, y a medida que los niños van creciendo, los juguetes se van sustituyendo progresivamente por otros nuevos más apropiados a su edad. La mejor manera de que podamos realizar esa sustitución sin complicarnos demasiado es establecer un límite claro para la sección de los juguetes.

  Es necesario que establezcamos un espacio para que el niño juegue desde muy pequeño. Hasta los 3 años, ese rincón de juegos puede ser una esquina del salón, con lo que bastará un cesto o un cajón de una cómoda para guardar todos sus juguetes. Por supuesto, hay que establecer normas del tipo «si vas a jugar, no te salgas de este espacio» o «antes de irte a dormir tienes que recoger todos los juguetes y meterlos en su cesto».

A partir de los 3 años, los niños empiezan a tener juguetes más variados y pueden empezar a necesitar diferentes recipientes dependiendo del tipo de juguete. En las primeras páginas de este capítulo ya hemos hablado sobre las posibles maneras de dividir los juguetes por subsecciones.

Las subsecciones irán cambiando también a medida que el niño vaya creciendo o modifique sus gustos.

No obstante, no se trata solo de ir añadiendo nuevos recipientes de almacenamiento a medida que aparecen nuevas subsecciones, sino que debemos procurar hacer limpieza de lo que ya no les interesa para liberar espacio.

Si tenemos algún juguete concreto que el niño quiere conservar a pesar de que ya no juegue con él, la mejor opción es guardarlo con otros juguetes con el mismo problema en una caja de cartón, y guardarlo en un trastero o almacén. Sin embargo, tampoco debemos olvidarnos de que existen. Aprovechemos los momentos en los que vayamos a redecorar o reorganizar el cuarto del niño para preguntarle qué quiere hacer con ellos.

- **Mochila: buscar un lugar accesible para la de todos los días**

Una de las fuentes de frustración más comunes para los padres son las mochilas del colegio, que los niños suelen dejar tiradas nada más llegar a casa en la misma entrada.

La clave en este caso es localizar un lugar que a ellos les resulte práctico para dejarla nada más entran en casa. Si tenemos espacio en el vestíbulo, ese sería el lugar ideal, aunque yo recomiendo preparar un espacio para que puedan colocarla al lado de la mesa donde hacen los deberes, de modo que la tengan siempre a mano. En ese caso, debemos procurar que no se la dejen abierta y con los libros y cuadernos desparramados durante la noche.

La mochila del colegio es algo que usan todos los días, de modo que deberíamos descartar los rincones rebuscados, como el interior de un armario, debajo de una mesa para que no se vea o colgada de la pared de un gancho pequeño o que requiera que el niño la levante con las dos manos para colocarla; en resumen, cualquier espacio que exija un esfuerzo extra al niño para meterla y sacarla, ya que su tendencia natural es evitar lo que les resulta fastidioso. Con esto no descartamos el gancho en la pared como alternativa, pero siempre procurando que sea lo bastante grande y que se encuentre a una altura de fácil acceso para el pequeño.

Sobre todo, es importante insistir en la idea de que la mochila tiene su propio lugar en la casa. Hasta resultar pesados si hace falta, porque es entonces cuando prefieren hacer el esfuerzo de colocar las cosas en su sitio por sí mismos con tal de no oírnos.

- **Fotocopias y fichas: buscar un sistema para organizarlas**

La tendencia natural es dejarlas apiladas encima del escritorio o tirar a la papelera las notas que no quieren que veamos los padres.

Cuando se trata de las cartas que nos envían directamente a los padres, lo habitual es guardarlas en un archivador. Si son ellos los que traen algo que nosotros deberíamos ver, podemos colocar un imán en el frigorífico para que lo pongan allí y lo veamos, o sugerirles que lo coloquen directamente en una cajita especial en la cocina. (Una caja metálica de las de galletas vacía, por ejemplo).

Si la información es para nosotros, nosotros seremos quienes decidamos cuándo tiramos ese papel: si se trata de algo sencillo podemos apuntarlo en el calendario directamente. La idea es que la caja se mantenga vacía o casi vacía.

Cuando se trata de fotocopias, fichas o exámenes de los niños, es recomendable que reservemos uno de los cajones de su escritorio para guardar esa clase de papeles de la escuela. Un archivador no es necesario ya que el niño sabe que esa clase de papeles están todo en el cajón y con buscar un poco puede encontrar lo que precise.

Una vez se haya llenado el cajón, es el niño quien debe decidir, con nuestra ayuda, con qué papeles se queda y qué papeles ya no necesita. Luego se puede decidir si merece la pena que los guardemos en una caja en el trastero o si van directamente a la basura.

Aun así, si el niño aún no ha cumplido los 6 años, es mejor que seamos los padres quienes nos encarguemos de organizar los papeles que traigan de la guardería o la escuela. Aunque lo normal a esas edades es que los papeles de información los recibamos directamente los padres, es recomendable comprobar el contenido de la mochila de los niños todos los días, por si se les hubiera olvidado entregarnos algo.

- **Ropa de gimnasia, zapatillas y demás: buscar un lugar a mano nada más llegar**

Las bolsas de deporte suelen tener el mismo problema que las mochilas: las dejan tiradas en el recibidor nada más llegar del colegio. En mi entorno se ha dicho siempre que si un niño no deja la ropa de gimnasia sucia en el cesto para lavar deberíamos dejar que la llevara sucia en la siguiente ocasión, pero por lo que he vivido con mis hijos, debo decir que ese sistema nunca da resultado.

Ellos sabían que tenían que darme la ropa de gimnasia para que se la lavara (o las zapatillas para que se las limpiara), pero lo dejaban para «luego» hasta que se les olvidaba. Entonces llegaba la siguiente clase de gimnasia y el chándal estaba tal cual lo habían dejado en la bolsa de deporte.

La solución a ese problema es colocar un cesto para la ropa sucia en el camino que va desde la entrada hasta la habitación del niño. Aun así, debemos pensar muy bien el punto justo en el que vamos a colocarlo: si tenemos la suerte de que el cuarto donde está la lavadora se encuentre entre la entrada y su habitación, la opción lógica será colocar el cesto de la ropa sucia en la puerta del lavadero. Si lo que se encuentran es la cocina, pues en un rincón de la cocina. Si atraviesan el salón, en el salón. Si solo cruzan el pasillo, en el pasillo. La verdad es que a nadie le gusta tener un cesto de ropa sucia en su salón o en medio del pasillo, pero no olvidemos que los niños deben adquirir el hábito del orden antes de los 10 años si queremos que lo interioricen.

Ahora, ¿qué hacemos si aun así el niño sigue sin dejar la ropa sucia donde debe? Para empezar, si vamos nosotros a su cuarto a sacar el chándal de la bolsa de deporte mientras nos quejamos en voz alta no vamos a solucionar nada: tiene que ser el niño quien nos traiga el chándal o la ropa sucia directamente, aunque tengamos que insistirle varias veces.

Como he comentado anteriormente en el caso de las mochilas, muchas veces los niños acaban haciendo las cosas por sí mismos con tal de no oírnos darles órdenes.

- **Materiales para actividades extraescolares: fácil de guardar y fácil de sacar**

Este es otro tipo de cosas con las que la solución más práctica sería dejarlas directamente en el recibidor. El problema es que, si hacemos lo mismo con todo lo que los niños se llevan y traen a casa de forma regular, el recibidor acabaría pareciendo un almacén de trastos. Como las actividades extraescolares suelen ser solo un par de veces a la semana, lo mejor es encontrar un sitio para colocar los materiales necesarios sin necesidad de que estorben a todos.

En caso de que decidamos colocarlos en el cuarto de los niños, una buena alternativa sería colgar-

Organización con un perchero

los en un gancho cerca de donde esté la mochila o montar una estantería baja para dejar mochilas y bolsas varias. Por supuesto, no debemos olvidar que debe ser un lugar fácilmente accesible.

En mi opinión, la mejor opción es juntarlo todo en el cuarto del niño, aunque también debemos tener en cuenta si necesita usar el material de las extraescolares en casa y dónde. Por ejemplo, si el niño va a clases de piano lo lógico es que tenga la bolsa con las partituras al lado del piano porque es donde va a practicar. Si cada vez que el niño se pone a tocar tiene que llevar y traer la carpeta de su cuarto, al final acabará dejándola por ahí tirada.

Si hablamos de una clase de natación, sin embargo, lo lógico sería determinar un espacio para la bolsa de deporte en el baño, sobre todo si se ha establecido la costumbre de dejar ahí la ropa sucia para lavar.

Lo más importante a la hora de decidir dónde colocamos cada cosa es tener en cuenta cómo se comporta el niño, pensar en sus hábitos e imitar sus movimientos si es necesario hasta encontrar un sistema de organización que le facilite tanto sacar las cosas como volverlas a colocar en su lugar.

- **Dibujos o trabajos manuales de otros cursos: tirar para hacer espacio**

Es muy normal conservar los dibujos de los niños cuando son pequeños. Todos nos hemos maravillado alguna vez con lo bien que lo hacen y hemos pensado «si ahora es capaz de dibujar así, imagínate de mayor», y a medida que nos iban haciendo más dibujos, hemos acabado inundando la cocina y el salón con sus pequeñas obras de arte.

La solución para que no nos duela tirarlos es sacarles fotos para ir pegándolas en un álbum y deshacernos de los originales. Aunque sería un poco frío sacarles la foto y tirarlos nada más recibirlos. No olvidemos que con el mero hecho de alabar a los niños «por dibujar tan bien» y conservar el dibujo durante un cierto tiempo estamos mostrando nuestro aprecio y cariño hacia ellos. Sobre todo porque los niños a esas edades no dibujan con la intención de crear una gran obra de arte, sino para encontrar nuestra aprobación.

Evidentemente, elegiremos un lugar concreto para exponer todos los dibujos o trabajos manuales que vayan trayendo los niños, ya sea en una pared de la cocina o sobre una estantería del salón. El lugar concreto es lo de menos. Cualquiera vale.

Si nos traen algún dibujo especialmente grande, tenemos la posibilidad de reducirlo en alguna copistería para poder exponerlo en el lugar habitual. Una vez más, cuando el espacio designado para exponer los dibujos ya esté lleno, procederemos a la selección y descarte de lo que ya no nos interese conservar. Por supuesto, es positivo comentarlo antes con el niño y obtener su consentimiento.

En ese momento es cuando decidimos si conservamos ese dibujo en otro sitio, si le sacamos una foto antes de tirarlo o si nos deshacemos de él directamente. Las normas para los dibujos y manualidades deben de ser las mismas que para el resto de sus cosas: lo que sobra, se tira. Si los padres alabaron los dibujos del niño en su momento y estos han estado expuestos el tiempo suficiente, el niño no se negará a que nos deshagamos de ellos y hagamos sitio para dibujos nuevos.

Para los dibujos que nos hayan gustado de forma especial y queramos conservar, recomiendo preparar una «caja de recuerdos», que no tenemos por qué guardar necesariamente en nuestra habitación, sino que podemos colocar en la habitación del niño, en el altillo de su armario o debajo de su cama, sin necesidad de que se trate de un lugar especialmente accesible.

- **Recortables y demás juguetes para montar: los justos**

Es bastante habitual que las revistas para niños de hoy en día incluyan algún juguetito o recortables para montar. También podemos encontrarlos en el interior de algunos dulces.

A los niños les encanta montar cosas por sí mismos. Si bien es cierto que muchas veces nos dejan la casa hecha un desastre con los recortables y manualidades que les proponen en esas revistas, no deberíamos impedir que las pusieran en práctica ya que estaríamos limitando su creatividad. De hecho, como padres deberíamos ponernos a hacerlas con ellos y aprovechar para pasar un buen rato en su compañía, aunque tampoco tenemos por qué fingir que las manualidades nos gustan si no es el caso.

En cualquier caso, no nos costará mucho coger una caja vacía no muy grande (de zapatos, por ejemplo) para que el niño vaya guardando allí esa clase de juguetitos y manualidades completadas. El sistema sería el mismo que el de los juguetes normales: cuando la caja empiece a llenarse, habrá llegado el momento de comentar con el niño la necesidad de seleccionar lo que le interesa de verdad y tirar las cosas a las que ya no haga caso para hacer sitio a cosas nuevas.

Aunque a los niños les gusta mucho montar cosas, el resultado de su esfuerzo suele perder su encanto para ellos después de que haya pasado cierto tiempo, por lo que no suelen mostrar un gran apego hacia las cosas que montaron en el pasado. Los niños crecen y esa reacción es algo natural.

- **Premios y trofeos: reglas generales**

Por cuanto hace a los premios, trofeos o medallas que reciba el niño, todo depende de cada caso. Es tan válido decidir que los guardamos todos por norma como que los metemos en el trastero por norma como que los tiramos todos por norma. Sobre todo en el caso de los trofeos deportivos, no es nada raro colocarlos en el salón; incluso podríamos establecer un sistema rotario si el niño tiene varios trofeos que exhibir.

Si decidimos guardarlos en algún armario, es recomendable que preparemos una caja exclusivamente para ello y que hagamos que sea el mismo niño quien coloque sus trofeos en ella.

Si los vamos a tirar, deberíamos hacer lo mismo que con los dibujos: exhibirlos durante un tiempo antes de deshacernos de ellos. Después de todo son una prueba de que el niño se ha esforzado y ha destacado en algo por sí mismo.

- **Uniformes: buscar un sitio fijo para dejar la chaqueta**

En caso de que el niño lleve uniforme, tenemos de nuevo el mismo problema que con las mochilas. Si no queremos que las chaquetas acaben tiradas nada más llegar, la mejor opción es colocar un perchero sencillo cerca de la entrada para que puedan colgarlo en cuanto lleguen.

En cuanto al uniforme en sí, aunque no esté manchado habrá cogido polvo durante el día y, por poco que haya corrido, estará también sudado. Por ello, no recomendamos meterlo otra vez en el armario con la ropa limpia.

Si se cambian nada más llegar a casa pueden colocar el uniforme en un colgador con una percha en la pared, o cerca de la ventana, para que se airee durante la noche. En este caso, la percha será exclusivamente para colgar el uniforme.

Conozco algunas familias que cuelgan los abrigos y el uniforme en el mismo salón, pero no creo que tengan ninguna razón en especial para ello, sino que simplemente acabaron haciéndolo así por inercia. Por supuesto, si tenemos una norma en casa que establece que la ropa de cada uno se deja en el cuarto de cada uno, ahí es donde debe quedarse.

Como decía antes, la mejor manera de evitar que los abrigos (o gorros) acaben tirados en la entrada o el salón es colocar un colgador o percha para colgarlos, ya sea en el mismo recibidor o en el pasillo.

Si en el recibidor tenemos suficiente espacio, lo ideal sería colocar un armario cerca de la puerta para meter todas las prendas de abrigo. El gancho en la pared y el perchero resultan bastante menos estéticos que un armario completo y bien colocado, por no mencionar que el segundo nos facilita mucho la vida diaria.

- **Ropa: organizarla en subgrupos**

Organizar la ropa es una tarea que nos resulta complicada incluso a los adultos, así que si dejamos su organización en manos de los niños lo más probable es que nos encontremos armarios y cajones con todo mezclado y sin separación alguna entre las cosas que se ponen y las que ya no se ponen.

No obstante, precisamente porque hasta a los adultos nos resulta difícil, es necesario que los niños interioricen el hábito del orden mientras aún son pequeños.

A partir de los 3 años, el niño ya puede elegir por sí mismo qué ropa quiere ponerse y sacarla de los cajones. Y aunque aún no sepa tomar la decisión por sí solo, seguro que ya tiene prendas que le gustan más y otras menos. También suele ser la época en la que empiezan a ser capaces de vestirse y desvestirse solos.

Por eso, entre los 3 y los 6 años, los padres podemos motivar al niño explicándole dónde colocamos cada tipo de prenda dependiendo de qué tipo sea: las camisetas al cajón, los pantalones encima de la cómoda, etc. Así el niño lo va entendiendo y asimilando poco a poco. Si estamos doblando la ropa limpia delante del niño, podemos aprovechar la oportunidad para pedirle que meta solo los calcetines en su cajón, por ejemplo.

De hecho, es una actividad importante porque empieza a participar en el orden de su ropa, aunque aún sea demasiado pequeño para doblarla.

Nos interesa que aprendan a organizar su propia ropa más o menos entre los 6 y los 10 años. Mientras tanto, los padres podemos abrirles el armario de vez en cuando y comentarles si hay alguna prenda que ya no se pongan o indicarles que algo se les ha quedado pequeño para aprovechar la situación y proponerles que se deshagan de esa ropa.

Hay multitud de técnicas diferentes para mantener la ropa organizada, pero yo voy a ceñirme a mis dos puntos clave: un sitio para cada cosa y cada cosa en su justo número, para simplificar el proceso. Como he mencionado antes hablando del orden en general, deberíamos tratar de mantener el armario aproximadamente al 70 % de su capacidad. Así nos aseguramos de que hay sitio suficiente para que la ropa no esté comprimida en los cajones y nos evitamos arrugas innecesarias, por no mencionar que no es fácil encontrar lo que buscas en un cajón lleno.

Hay una costumbre más relacionada con la ropa a la que nos interesa habituar a los niños mientras son aún pequeños: el cambio de armario según la estación.

En la actualidad hay aire acondicionado prácticamente en todas partes y algunas modas hacen que haya chicas que lleven manga corta en pleno invierno o camisas de manga larga en verano. Por lo visto, la moda no entiende de estaciones.

Aun así, hay tejidos muy finos que normalmente solo usamos en verano y jerséis de lana gruesos propios únicamente del invierno. Visto desde ese ángulo, no tiene sentido mantener la ropa de todas las estaciones accesible todo el año. Deberíamos colocar aparte la ropa de invierno cuando estamos en pleno verano y viceversa; así ahorraríamos espacio y es más fácil mantener ordenado lo que mantenemos dentro.

¿Por qué no aprovechamos para enseñarles que hacer cambio de armario es algo lógico mientras aún son pequeños? De paso pueden aprender a doblar bien sus jerséis favoritos y a guardarlos con cuidado (y antipolillas, si es necesario). También podemos motivarles mencionando alguna prenda que les guste especialmente para que nos ayuden a sacar y colocar en el armario la ropa de la estación que corresponde. En mi opinión, son esta clase de experiencias las que les ayudan a apreciar lo que tienen; en ese caso, la ropa.

- **Pijamas y ropa de cama: su propio lugar**

Muchos lectores me preguntan qué hago exactamente en el caso de los pijamas; probablemente porque yo misma dudo al respecto. Y es que casi todos los niños dejan el pijama tirado tal cual se lo quitan, ya sea en su cuarto, en el salón o en el baño.

Lo más habitual es que lo dejen encima de la cama cuando se cambian de ropa por las mañanas, aunque podemos insistirles un poco para que al menos lo doblen de forma superficial y lo metan debajo de la almohada.

Como en todos los casos anteriores, lo primero que debemos tener en cuenta es dónde suele quitarse el pijama el niño, porque si está acostumbrado a cambiarse en el salón tal vez deberíamos colocar una bolsa para el pijama en su rincón para jugar o añadir una cesta para que lo meta si casi siempre se lo quita en el baño. El principio viene a ser el mismo que con el material para extraescolares: colocarlo en el lugar en el que sea más necesario.

- **Cartas y correo: reorganizar de vez en cuando y tirar lo que sobre**

No es habitual que los niños reciban correo ni mucho menos que sean documentos que necesiten guardar.

Como mucho tienen alguna carta de sus abuelos, una postal de algún amigo o una tarjeta de Navidad o de cumpleaños.

Aunque eso también implica que ellos tienen muy presente quién les ha mandado qué. Cuando aconsejo a adultos acerca de cómo organizar su correo, les digo que decidan si conservan una carta o no en cuanto la lean. Sin embargo, en el caso de los niños es diferente porque reciben muy pocas y significan más para ellos, por lo que creo que deberíamos proporcionarles una caja o designar un cajón para que las guardaran.

Cuando se cansen de tenerlas guardadas o se queden sin sitio, siempre pueden colocar las más importantes para ellos en una «caja de recuerdos» que se guardaría en el trastero o en un altillo.

- **No usar el suelo como si fuera una estantería**

No hay duda de cuál es la parte del cuarto de un niño que suele acumular más desorden: el suelo. Después de todo, es el mayor espacio disponible, donde más fácil es dejarlo todo, y no hay duda de que los niños cuentan con una habilidad especial para acumular cosas, sin más.

Es posible que este fenómeno se deba a que, con su altura, están mucho más cerca del suelo que los adultos, y por lo tanto les resulta más cómodo usar el suelo como si fuera una balda más de la estantería y se sientan directamente ahí en lugar de hacerlo en las sillas. Al menos esa es mi teoría.

En cualquier caso, los niños juegan esparciendo los juguetes por el suelo, se tumban boca abajo a leer los libros y los dejan ahí al levantarse, etc. Antes de poder darnos cuenta, un océano de desorden se expande desde su habitación hasta su rincón para jugar en el salón, como si estuvieran marcando su territorio.

Como ya he mencionado anteriormente en el apartado de las normas para la convivencia en casa, una de mis reglas personales es que no se deja nada encima de nada, empezando por el suelo. Es necesario que hagamos comprender a los niños que esa regla es absoluta y no admite excepciones, porque, si lo dejamos pasar, cuando queramos darnos cuenta el suelo se habrá convertido en uno de los lugares designados para guardar las cosas.

En cambio, si le hemos dejado claro al niño cuáles son las normas, solo tendremos que pedirle que «ordene» para que sepa que lo primero que debe hacer es retirar las cosas del suelo y colocar cada una en el lugar que le corresponde.

- **Sobre la mesa: dejar siempre el espacio libre**

El segundo lugar más desordenado del cuarto de un niño es su escritorio. Una amiga mía suele amenazar a sus hijos con tirarles las cosas que encuentra tiradas por el suelo, de modo que la solución de los niños es apilarlo todo encima de la mesa en cuanto ven que su madre empieza a enfadarse. Debo admitir que en mi casa ocurre algo parecido en ocasiones, aunque no es un comportamiento habitual.

Vamos a pensar en nuestra experiencia ordenando mesas, ya estén llenas de cosas de los niños o nuestras. Aunque en la pila haya cosas que tengan claramente un lugar asignado y otras que ya sabemos que acabarán directas en la papelera, es normal sentir que no sabemos muy bien por dónde empezar.

Cuando una mesa está llena de cosas desordenadas, ya no es tanto un problema de técnicas de orden sino una cuestión de cuándo lo hacemos.

Es muy fácil ir dejando la tarea de ordenarla para luego y que pasen los días en ese estado de caos hasta que internamente asumimos que «encima de la mesa» es un lugar donde las cosas pueden apilarse en desorden y no pasa nada.

Hay muy pocos niños con una naturaleza lo suficientemente hacendosa como para elegir ellos mismos cuándo se ponen a recoger la mesa e ir colocando cada cosa en su sitio. Por eso necesitamos inculcar en ellos la costumbre de recoger el escritorio, ya sea estableciendo la norma de que se haga todos los días antes de acostarse o proponiendo que se aproveche el fin de semana para dejarlo todo limpio. En cualquier caso, somos los padres quienes debemos indicarles «cuándo».

Aunque antes he sugerido colocar una cesta de papeles sobre la mesa para dejar las fotocopias, voy a tener que hacer alguna precisión al respecto:

La mejor manera de conseguir que la mesa o el escritorio se mantengan en orden es establecer otra norma inamovible, como la de no dejar nada en el suelo: no debe quedar nada sobre las mesas. En este caso, con ciertas excepciones, como pueden ser el ordenador u otros objetos que no suelen moverse o no pueden guardarse en ningún otro lugar. Todo lo demás debe organizarse en los cajones o estanterías de modo que al niño le quede claro que la mesa no es un «lugar designado» para colocar cosas.

Por alguna extraña razón, las personas tenemos la mala costumbre de dejar las cosas tiradas donde ya hay cosas tiradas. Es como si ver un envoltorio de chicle tirado en la calle nos diera el derecho de tirar algo nosotros también, mientras que, si todo está limpio, ya nos da un poco más de apuro.

Lo mismo ocurre con la mesa de la cocina. Empezamos dejando condimentos y aliños y antes de poder darnos cuenta hay también medicinas, blocs de notas, lápices y hasta el periódico.

En cualquier caso, deberíamos procurar que en el escritorio de los niños no hubiera nada más que la lámpara y un bote de lápices y que tenga un lugar para colocar los libros de texto y los cuadernos que no sea encima de la mesa. Montar unas estanterías por encima del escritorio es la mejor opción. No debemos olvidar que tanto los libros como los diccionarios deberían estar en un lugar accesible a la hora de usarlos y devolverlos a su sitio.

- **Juguetes decorativos: pensar en un sistema para decidir qué va con qué**

A muchos niños les gusta colocar sus muñecos, sus coches o sus figuritas en las estanterías como si fueran una colección a exponer. Este fenómeno no ocurre solo con los juguetes, también los hay que coleccionan objetos antiguos, piedras bonitas, gafas de sol usadas, mudas de cigarras, etc.

Los niños empiezan a desarrollar el gusto por colocar sus objetos favoritos de forma que los demás puedan admirarlos alrededor de los 4 o 5 años. Los colocan, los recolocan y se aseguran de que no quede demasiado espacio entre unos o demasiado poco entre otros. Además, no dejan que los padres se los cambiemos de sitio, con lo que no tardan en entorpecer la limpieza de la habitación.

Personalmente no soy una maniática de la limpieza que crea que todo debe mantenerse pulcro y sencillo, pero cada persona debe juzgar lo que a ella le resulta cómodo en su casa, si le parece que tiene demasiadas cosas a su alrededor o no.

En mi opinión, la habitación de un niño no debería destacar por su sencillez y pulcritud; al contrario, cuantas más cosas haya (bien distribuidas, eso sí), más cómodo suele sentirse el niño, que se siente muy satisfecho y feliz al verse rodeado de objetos que ama: es su forma expresar su identidad «esta es la persona que soy» y eso es algo que los padres deberíamos potenciar.

Las partes de arriba de estanterías u otros objetos son las más adecuadas para colocar estas pequeñas exposiciones de juguetes. Como se recomienda en las revistas de interior, lo ideal es repartirlos por toda la habitación en lugar apelotonarlos en un único estante: algunos en el alfeizar de la ventana, otros encima de la radio, etc. No obstante, para mantener la idea de «un lugar para cada cosa» es mejor reducir los lugares donde colocarlos a un par de espacios como máximo.

Si el niño llega a acumular demasiados objetos de colección o empieza a mezclar los de un tipo con otro, es hora de sugerirle que haga una selección de lo que le parece más interesante para colocar a la vista y guarde el resto en su correspondiente recipiente o en uno nuevo que prepararemos si fuera necesario. También podemos proponer que alternen las colecciones que están a la vista, por ejemplo «hasta ahora estaban puestas muñecas de princesas, ¿qué te parece si ahora colocamos peluches?». Preparamos una caja específica para colocar aparte las muñecas de princesas y listo.

Si acumulamos cajas con diferentes contenidos en la sección del cuarto dedicada a los juguetes, es conveniente indicar con un rotulador permanente cuál es el contenido de cada una.

RESUMEN DEL CAPÍTULO 2

¿Qué hacemos con las cosas de los niños?

1. Dividir su espacio en zonas y decidir qué clase de objetos van en cada rincón.
2. Cada tipo de cosa debe tener su sitio y no superar un determinado número.
3. Facilitar que los niños puedan sacar y guardar las cosas ellos solos.

Ejemplo de espacio para juguetes

2 Tener un espacio designado para colocar los objetos que usan con más frecuencia ayuda a los niños a mantenerlos ordenados.

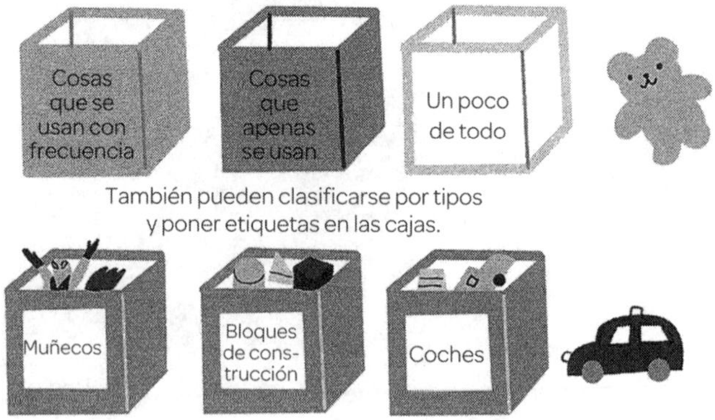

¿Cuándo hay que recoger: «ahora» o «después de...»?

A lo largo de este capítulo hemos mencionado que son los padres quienes deben indicar a los niños cuál es el mejor momento para recoger. La principal duda que puede surgir a este respecto es: ¿«ahora» o «después de...»?

Muy pocos niños se ponen a recoger en cuanto sus padres se lo dicen. Lo normal es que evadan la responsabilidad diciendo que ya lo harán más tarde, bien sea al terminar una serie de dibujos o antes de irse a dormir. Es muy importante remarcarles que deben ponerse a recoger en cuanto se lo digamos. Si queremos que nuestros hijos obedezcan al momento, es nuestra responsabilidad como padres educarlos para que actúen así.

Un conocido artista escribió que una vez se había visto obligado a expulsar a un discípulo: veamos qué le hizo llegar a este extremo. El discípulo se encontraba descansando cuando el maestro lo mandó llamar para encargarle una tarea. El joven dio una última calada al cigarro que estaba fumando, lo dejó en el cenicero y se puso en marcha. Aquella última calada tan solo le llevó unos segundos, pero a ojos del maestro supuso una gran flaqueza de carácter: alguien así no estaba preparado para las exigencias del mundo del arte. Le faltaba madera para aquella ocupación, por lo que era obvio que no tardaría en tirar la toalla.

Es importante responder cuando te llaman y ponerte en pie cuando te asignan una tarea. Es cuestión de modales, no algo que deba realizarse exclusivamente ante quienes ocupan una posición de poder para con nosotros. Detalles como estos dicen mucho de la persona, por eso es fundamental inculcar a los niños la obligación de hacer las cosas al momento y regañarles cuando intenten evadir las responsabilidades con el argumento de que lo harán más tarde.

Debemos tener cuenta que presionar a un niño para que haga las cosas al momento puede ser muy difícil para él. Por ello, según la situación, hay veces en las que la palabra «inmediatamente» puede contemplar un margen más amplio. Si los padres ven algún juguete fuera de su sitio mientras los niños meriendan, pueden decirles que lo recojan en cuanto terminen de comer. Si una madre le dice al niño que se lave los dientes y acto seguido papá le pide que recoja la habitación, tendremos que explicarle que primero acabe con el cepillado y que luego se ocupe del cuarto.

Aunque tal vez no sea una opinión unánime, no creo que debamos presionar a los niños cuando están concentrados leyendo, viendo un vídeo u observando cómo se comportan los insectos. También necesitan tiempo para sí mismos, para ser niños. No me parece justo romper su concentración cuando están inmersos en sus pensamientos por el simple hecho de que mamá o papá se haya dado cuenta de que hay algo fuera de su sitio y quiera verlo recogido de inmediato.

Estos momentos de concentración no deben tomarse a la ligera. Si tratamos de recordar aquellos instantes en los que nosotros mismos nos sumergíamos en un mundo de fantasía infantil, tal vez también nos venga a la mente esa incómoda sensación de tener la cabeza embotada y la dificultad de volver a la realidad cuando mamá nos llamaba de repente. Si los niños se encuentran en uno de estos momentos, tal vez debamos dar prioridad a ese espacio privado y olvidarnos por el momento del hábito de hacer las cosas de inmediato: dejemos que sigan en sus propios pensamientos. Las madres y los padres observadores saben cuándo sus hijos se encuentran en ese estado.

Recoger con los amigos cuando vienen a jugar

Seguro que muchas madres tienen serias dudas sobre cuál es el mejor momento para recoger cuando los amigos de sus hijos van a jugar a casa. Las edades comprendidas entre los 3 y los 6 años son con toda seguridad las más problemáticas a este respecto.

Muchos padres y madres creen que los niños que van a casa a jugar con sus hijos deben ayudarlos a recoger. Del mismo modo, también los padres de los invitados se preguntan si sus pequeños están ayudando como es debido. Sin embargo, a la hora de la verdad, la propuesta de recoger entre todos antes de que los amigos se marchen nunca parece funcionar. Hay niños que se quedan dormidos después de pasar la tarde jugando y sus padres tienen que llevarlos en brazos hasta casa. ¿No sería cruel despertarlos para que ayuden a recoger? Lo mismo ocurre cuando el amigo vuelve a comer con su familia o regresa a casa para coger algo que nos quiere enseñar. Si no ha regresado al anochecer, ¿deberíamos llamarlo para que venga a ordenar?

En estos casos no nos queda más remedio que pedirle a nuestro hijo que recoja, pero debemos esperar que nos responda disgustado porque es su amigo quien ha desordenado ciertas cosas: normal que se sienta molesto por ser el único que recoge. Si pasamos por alto estas quejas diciendo que no hay otra solución, solo conseguiremos convencerlo de que tampoco él tendrá que recoger cuando vaya a jugar a casa de un amigo. Como consecuencia, su amigo pensará otro tanto y el problema seguirá en aumento.

Aunque todo depende del momento y el lugar, de vez en cuando podemos asomarnos al cuarto en el que están jugando los niños y decirles que paren un momento para recoger si la habitación está muy desordenada. Cuando proponen salir a jugar o empezar un nuevo juego, quedará claro que han terminado con lo que estaban haciendo y podremos considerar que es un momento adecuado para pedirles que recojan antes de pasar al siguiente juego. Las críticas de los niños hacia los padres que se comportan de este modo son incluso positivas, puesto que demuestran que somos adultos responsables que nos preocupamos por la educación de nuestros hijos y de sus compañeros por igual.

Llegado el caso de que todos los niños menos uno se pongan a recoger, no debemos avergonzarnos por regañarle diciendo que él también tiene que ayudar. No hace falta adoptar actitudes altivas ni hablar de igualdad o cooperación, basta con explicarle que es hora de recoger y no de jugar.

Como hemos visto, las circunstancias pueden ser de lo más variadas. No siempre tendremos la oportunidad de animar a los niños a recoger entre todos, por lo que puede ocurrir que tengamos que decirle a nuestro hijo que la contrapartida de jugar con amigos, a veces, es que luego nos toca recogerlo todo solos. En cualquier caso, es importante tener la flexibilidad suficiente para adaptarnos a las circunstancias y ayudar al niño a hacerlo también.

Capítulo 3

EL ORDEN DE LA VIDA EN FAMILIA

¿Qué significa vivir en familia?

Los dos primeros capítulos de este libro se han centrado en la mejor manera de ordenar la habitación del niño y sus cosas. Ahora volveremos sobre una de las cuestiones que ya se planteaban en la introducción: el orden como elemento indispensable de la convivencia con otras personas. Esto nos lleva inevitablemente a reflexionar sobre la manera de mantener el orden en casa como miembros de una misma familia.

Cuando formamos parte de un hogar no es suficiente con recoger solamente lo nuestro. Este hecho no se aplica tan solo al acto de ordenar, sino a cualquier actitud relacionada con la familia: no basta con centrarnos solo en nuestras cosas.

Incluso a día de hoy es frecuente encontrar hogares en los que las tareas de la casa, entre las que se incluye ordenar, se dejan en manos de la madre y esposa. En estos casos, tanto el marido como los niños se limitan a recoger sus cosas después de que ella se lo indique. Estas actitudes no dejan de ser restos de una concepción obsoleta de la familia, en la que el hombre compra la casa y trabaja mientras la mujer cuida del hogar y de los niños.

¿No es cierto que las parejas deciden vivir juntas por el deseo de compartir su vida? Cuando tengan un hijo, también el niño descubrirá el gozo de convivir con otras personas gracias a sus padres.

El simple hecho de vivir bajo un mismo techo nos convierte, en cierto modo, en una «familia». Sin embargo, si cada uno de nosotros se encierra en sí mismo y hace lo que le viene en gana sin tener en cuenta a los demás, nunca descubrirá el gozo de compartir su vida con otros.

Hay gente que come junta, que habla a diario, que espera a que sus seres queridos lleguen a casa y que, por las noches, mientras descansa tras un largo día de trabajo, es tan amable de quedarse a nuestro lado y considerarnos parte importante de su vida. Cuando este tipo de relación se establece entre dos personas, descubrimos una nueva felicidad que emerge del simple hecho de que otra persona forme parte de nuestra vida. Nos hace sentir que, compartiendo un mismo hogar con ella, podemos llevar una existencia a nuestra medida.

Estas relaciones no solo se construyen comentando los acontecimientos del día, expresando nuestro cariño o viajando en compañía de nuestros seres queridos. También podemos, de manera cotidiana, olvidarnos un poco de nosotros mismos al realizar las actividades intrascendentes del día a día. En su lugar, le dedicaremos un poco más de atención a esa otra persona, haremos ciertas tareas en su lugar o simplemente estaremos junto a ella en la misma habitación.

El día a día fluye

Vamos a pensar cómo preparamos la comida.

Cuando vamos a cocinar algo, lo primero que hacemos es comprar los ingredientes. En ese momento reflexionamos sobre lo que queremos preparar sin pensar tan solo en nuestros gustos, sino que también tenemos en cuenta otras cuestiones: el estado físico de nuestra pareja, ya que puede que últimamente esté cansado y le convengan alimentos fáciles de digerir; lo que han servido ese día en el comedor del colegio, no vaya a ser que los niños coman y cenen lo mismo; y otros asuntos relacionados con los diversos miembros de la familia. Cuando papá prepara la comida, también tiene en cuenta detalles como los condimentos favoritos de su esposa. Si hacemos la compra en familia o en compañía de los niños, podemos discutir estos temas en voz alta para decidir entre todos el menú del día.

Por supuesto, el siguiente paso consiste en cocinar. Mientras mamá está entre los fogones, los niños pueden preparar la mesa porque papá está ocupado dejándolo todo a punto para el baño de la noche: lo importante es que cada uno colabore en una labor y como mejor pueda. La hora de la cena trascurre charlando sobre lo que ha pasado ese día y mencionando lo rico que ha quedado todo, tras lo que tocará recoger la mesa. Si suele ser el hombre de la casa quien friega, los niños deberían llevar los platos a la cocina mientras mamá dobla la ropa o realiza alguna otra tarea pendiente.

Con el paso del tiempo, todas estas actividades se vuelven cada vez más naturales. La vida cotidiana no está dividida en fragmentos como «comida» o «baño», sino que se contempla como un fluir. Lo importante no es que la familia esté unida en cada uno de esos instantes, sino que todos sus miembros participen en el continuo fluir que componen los diversos momentos. Haciendo lo que podemos en cada situación y buscando ayuda para lo que no somos capaces de hacer por nosotros mismos también sentimos la alegría de compartir una vida en familia.

Lo que podemos y no podemos hacer

Hacer lo que podemos en cada situación y buscar ayuda para lo que no somos capaces de hacer en solitario es la manera en la que funciona una familia, pero también la base de toda sociedad formada por un conjunto de individuos que quiere vivir en comunidad. Eso significa que no solo encontraremos esta regla de oro en la vida del hogar, sino también en estructuras colectivas más complejas, como la demarcación geográfica, el colegio, el lugar de trabajo o incluso el país.

El ser humano no puede hacerlo todo por sí mismo. Aunque tendemos a caer en el engaño de que cualquier cosa es posible si nos esforzamos, no todos tenemos las mismas habilidades.

Estas diferencias, así como las circunstancias del momento, hacen que en ocasiones no podamos realizar según qué acciones. Los ejemplos más elementales de la vida cotidiana nos demuestran que es imposible recoger el correo de casa cuando estamos de vacaciones, que las personas bajitas no llegan a lugares altos excepto con la ayuda de una silla, que un niño no puede levantar una caja de 20 kg y que resulta imposible trabajar cuando uno está tan enfermo que debe guardar reposo. Si pensamos en habilidades particulares, encontraremos a personas incapaces de cocinar, tan torpes que convierten cualquier reforma en un desastre o que desean invertir en bolsa pero no logran entender el mundo de las finanzas.

Aunque nos esforcemos por llevar a cabo las cosas de las que somos capaces, eso no quita que otras muchas nos sigan resultando imposibles. Creo que este es el motivo por el que el ser humano se ha organizado en comunidad, ha decidido prestarse ayuda mutua y ha creado mecanismos a los que todos nosotros podemos recurrir. Sin embargo, tomar conciencia de lo que podemos y no podemos hacer tal vez no sea tan importante como pudiera parecer en un principio. Si nos dejáramos guiar por una distinción tan clara, los niños se limitarían a ser criaturas que, en el contexto del hogar, deben ser cuidadas y atendidas.

Por pequeño que sea, si hay algo que un niño puede hacer, debemos animarle a que lo haga. Del mismo modo, si hay algo que no puede hacer, debemos hacerle saber que siempre contará con nuestra ayuda.

Esta misma relación funciona a la inversa: si hay algo que los adultos no pueden hacer, el niño tal vez pueda hacerlo por ellos. Convivir no significa obligarnos mutuamente a hacer las cosas, sino procurar que esa misma relación surja de manera natural y espontánea.

Los padres deben preparar a sus hijos para que se desenvuelvan por sí mismos independientemente de los grupos a los que pertenezcan o las relaciones que desarrollen con sus semejantes. Para esto es esencial que, en primer lugar, el niño aprenda a hacer todo lo que está a su alcance en el entorno familiar. En el caso de las tareas del hogar, nos referimos concretamente a «recoger» y «ordenar».

Los niños que piensan en los demás no causan problemas

La sociedad actual no es la más adecuada para criar a un niño. Vivimos en un mundo donde las personas parecen constantemente centradas en sí mismas y tratan de proteger sus intereses a toda costa, algo que limita a los niños mucho más que en otras épocas. A pesar de ello, me atrevo a decir que todos los padres deseamos que nuestros hijos aprendan a pensar en los demás y no causen problemas a la gente de su entorno.

Queremos que conserven su naturaleza infantil y enseñarles a convivir con otras personas.

No importa lo mucho que cambie el mundo: el único lugar donde a un niño se le pueden inculcar estos valores es en casa. La consideración hacia los demás se muestra en gestos como ceder el asiento del tren o autobús a las personas mayores, ayudar a los compañeros que sufren acoso escolar y respetar las normas de comportamiento en los lugares públicos. Por supuesto, los niños no aprenden estas cosas por arte de magia.

Primero deben acostumbrarse a ser considerados en el hogar, con pequeños detalles como coger el periódico del salón cuando ven que papá lo está buscando o recoger el baño porque saben que mamá es la siguiente en bañarse y no quiere verlo desordenado. Solo cuando hayan conseguido comportarse así en casa podrán aprender a actuar de manera similar cuando salgan de ella. Lo mismo puede decirse de los esfuerzos que hace un niño para no molestar. Si es lo bastante considerado como para no dar problemas a la gente que le resulta más cercana, es decir, a su familia, actuará del mismo modo fuera de casa.

Aunque hasta aquí todo haya quedado claro, hay una última cuestión sobre la que me gustaría llamar la atención: ¿hasta qué punto es necesario que un niño se sitúe a sí mismo en segundo plano y haga un esfuerzo adicional para ayudar a los demás? ¿Estas actitudes altruistas son realmente necesarias para aprender a ser considerado, o la importancia recae en lo que el niño piensa de la felicidad?

Creo que si el niño entiende la felicidad como es debido, probablemente se dé cuenta por sí mismo de que se siente mejor construyendo una relación sana con la gente que lo rodea que comportándose de un modo egoísta. Verá que es mucho más feliz cuando las personas de su entorno también lo son.

Esforzarse en casa para que papá y mamá vean que somos buenos es muy sencillo. Sin embargo, tal vez sea más importante enseñarle que la familia al completo se sentirá a gusto si el salón está ordenado o que mamá se llevará una alegría si lavo los platos... y eso también me hará más feliz a mí. De este modo, nuestros hijos verán que recoger y ordenar también puede hacerles sentir alegres, felices y contentos.

A partir de los 10 años hay que desempeñar un papel activo en el hogar

Antes de pasar al siguiente tema comentaremos brevemente los resultados de una encuesta que afirma que los niños japoneses dejan de ayudar con las tareas del hogar cuando tienen 10 años. Aunque hasta ese momento hayan colaborado en casa como parte de su educación, los estudios acaban por convertirse en la excusa que los aparta de dichas responsabilidades.

Este libro anima a los niños a ser autónomos. La autonomía implica la capacidad de hacer frente a la vida por uno mismo, así como de establecer relaciones maduras como individuo (adulto). Aplicada al contexto del hogar, vendría a representar la capacidad de cuidar de uno mismo y construir una relación adecuada con el resto de miembros de la familia, desempeñando, entre otras cuestiones, un papel activo en las labores domésticas.

Cuando permitimos que los estudios aparten a nuestros hijos del lugar que ocupan en el contexto del hogar, estamos negando también parte de su individualidad como personas. Si queremos lo mejor para ellos, deberíamos tratarlos como a seres humanos completos. Es por ello que podemos explicarles con toda naturalidad cuál es su papel en la casa incluso después de cumplir 10 años: limpiar el baño, regar las plantas, llevar los platos a la cocina después de comer... cualquier pequeña tarea es válida.

Dicho sea de paso, cuando un niño crece viendo cómo su padre colabora en las tareas del hogar, será capaz de tener una mejor relación conyugal. En el caso contrario, cuando el padre de familia se niega a ayudar con aires de gran señor, es posible que se desarrollen ciertas actitudes machistas o incluso que surjan prejuicios negativos en contra los hombres.

Lo ideal es construir un hogar en el que los niños aprendan a colaborar en lo que puedan, mientras mamá y papá hacen otro tanto espontáneamente. Aunque eso no es fácil de conseguir al principio.

El orden de la vida en familia

En el fluir de la vida cotidiana «ordenar» representa el final de una actividad, el mantenimiento de un entorno agradable y la preparación para el siguiente uso de los objetos que hemos recogido. Esta es una idea que conviene tener en mente: no solo se trata de devolver las cosas a donde estaban, sino que forma parte del fluir de la vida en familia.

Al hablar de orden hay que tener en cuenta los sistemas de almacenamiento, es decir, la premisa básica de cualquier hogar bien ordenado, aunque en esta ocasión solo nos centraremos en sus elementos fundamentales: guardar las cosas en su lugar determinado en una cantidad apropiada (tirar lo que no se necesita, establecer lugares y cantidades determinadas para nuestras cosas), así como procurar que sean fáciles de sacar y de guardar. Junto a estas dos ideas básicas, también es importante que la organización del hogar encaje con el tipo de vida que llevamos y la distribución de la propia casa.

Un sistema de almacenamiento correcto ayuda a que el orden sea más fácil de conseguir en el hogar.

Recoger la mesa: la comida no se acaba con el último bocado

La comida no se acaba con el último bocado. Aunque así sea cuando vamos a un restaurante, en casa implica un flujo de acciones más complejo: cocinar para todos, comer juntos y recoger. Cuando los niños son pequeños, es comprensible que abandonen la mesa en cuanto han terminado con su plato. Sin embargo, una vez han cumplido los 3 años, deberían comenzar a familiarizarse con el resto de aspectos relacionados con la comida, más allá de llevarse el tenedor a la boca.

- **Asignar tareas a la hora de recoger la mesa**
  Lo primero que deben aprender los niños es a llevar su plato a la cocina cuando hayan terminado de comer. En este punto también juega un papel importante la educación que reciben en el colegio y la guardería en relación a la hora de recoger la mesa. Los padres y madres serán quienes juzguen cuándo es el momento de ir un paso más allá y enseñarles que, como mamá friega, ellos tienen que llevar los platos a la cocina; o que, como papá friega y mamá seca, ellos tienen que guardar la vajilla en la alacena.
  Somos los padres quienes debemos encontrar la ocasión propicia para dividir entre todos el trabajo de recoger la vajilla, ya que entre todos la hemos ensuciado.

- **Enseñar cómo se cocina y se recoge a la vez**
  Preparar la comida es la actividad ideal para enseñar a los niños en qué consiste realmente el arte de

recoger. Cualquier persona que haya pasado algo de tiempo en la cocina es capaz de servir la cena teniéndolo todo tan limpio como estaba antes de empezar a cocinar: esto se consigue recogiendo las cosas a medida que cocinamos. A la hora de preparar un arroz tres delicias, por ejemplo, limpiamos el cuchillo y lo devolvemos a su sitio tan pronto como hemos terminado de cortar los ingredientes. Cuando dejamos los ingredientes cortados en un bol, pasamos la tabla de cortar rápidamente por agua y volvemos a guardarla. En los segundos que el aceite tarda en calentarse, devolvemos la aceitera a la estantería. Como el arroz y el resto de ingredientes tardan algunos instantes en saltearse, aprovechamos para limpiar el bol rápidamente y volverlo a guardar.

Finalmente, mientras condimentamos la comida y la servimos, echamos agua en la sartén antes de que la suciedad se reseque y quede incrustada en el fondo. Las personas más rápidas incluso aprovecharán para lavarla en ese momento. Cada vez que salte el aceite o se derramen los condimentos, limpiamos automáticamente la mancha con una bayeta. Simultáneamente, durante todo el proceso, procuramos echar un vistazo a los cacharros que hemos lavado para guardarlos en cuanto estén secos.

En esto consiste precisamente recoger: realizar las acciones necesarias cada vez que haga falta para devolver las cosas a su estado original y procurar mantener la estancia en orden.

A los niños les encanta cocinar cascando huevos, mezclando ingredientes y espolvoreando virutas de chocolate. Tras insistir repetidamente en hacerlo, a mamá no le queda más remedio que permitírselo aunque los pequeños molesten más de lo que ayudan. Ahora bien, puesto que tienen ganas de echarnos una mano, aprovecharemos para familiarizarlos con el placer de la cocina y el arte de recoger.

Nos resulta mucho más natural hablar de lo que hay que hacer para cocinar que de lo que hay que hacer para recoger. Cuando los niños quieren batir huevos, deberíamos recordarles que esto también incluye tirar la cáscara a la basura y limpiar el bol que han usado. Cuando quieren echar crema de leche (o caldo, o verduras cortadas) a la cazuela, también deberían saber que el brik tiene que volver a la nevera. Si incluimos la actividad de recoger en lo que hacen, bastará con explicarles que «se cocina mientras se recoge» para que lo interioricen rápidamente.

Recoger el salón: el lugar para todos, no solo para mí

Tal como hemos dicho varias veces en el primer capítulo, el salón es el espacio común del hogar. Como todos los miembros de la familia pueden usarlo, cada uno de ellos debe procurar que el resto se encuentre a gusto dentro de sus límites.

En el caso de espacios públicos como los parques, los centros cívicos, las salas de conferencias o las bibliotecas, no dejamos la basura tirada, no desperdigamos nuestras pertenencias y devolvemos a su estado original las cosas que hemos utilizado. Todos conocemos perfectamente estas reglas y las llevamos a la práctica con eficiencia. De hecho, este es precisamente el comportamiento que tratamos de inculcar a los niños cuando les decimos que devuelvan el juguete que han utilizado a la estantería de la ludoteca. Sin embargo, ¿por qué no sucede otro tanto con el espacio público del hogar?

- **Debemos dejar claras las normas del hogar**
  Teniendo en cuenta que las acciones a llevar a cabo son muy sencillas, la dificultad para mantener un salón ordenado probablemente se deba a que no somos conscientes de que hay unas reglas que debemos respetar cuando estamos en él. ¿Cuántas veces hemos oído el lamento de un ama de casa porque al llegar la noche tiene que recoger los juguetes, las revistas y los papeles de su marido para llevarlos al cuarto de los niños y al escritorio respectivamente? En estos casos, ¿es la madre la víctima y el resto son los culpables?

GUÍA PRÁCTICA

Cómo guardar las cosas de los niños en el salón

3

Los lápices de colores y los videojuegos se usan a menudo en el salón. En lugar de dejarlos desperdigamos por varias partes, es mucho más cómodo disponer de un único espacio donde guardarlo todo junto.

Con una caja y cuatro ruedas puedes confeccionar un carrito para que los niños puedan guardar sus cosas. Así, recogerlo todo de una vez y llevarlo a otros lugares de la casa será mucho más fácil.

Aunque a primera vista pudiera parecerlo, también es cierto que ninguno de ellos es libre de tirar la primera piedra. Muchos problemas se solucionarían si la familia realizara un pequeño esfuerzo en común para concienciarse de que no hay que dejar las cosas tiradas en el salón, sino devolver a su sitio todo lo que se utiliza. A menudo la señora de la casa acaba haciendo muchas de las tareas del hogar porque es más rápido. Sin embargo, lo que se consigue de este modo es que ni los niños (ni el marido) hagan las cosas que de otro modo podrían hacer. Recordemos que siempre hay que realizar un esfuerzo para dejar que los niños colaboren.

Si queremos que toda la familia, incluido el padre, se familiarice con las normas de la casa, primero tenemos que hablar. No es suficiente con que mamá decida por su cuenta y riesgo cuáles son: luego se enfadará porque las latas de cerveza se quedan en el salón y es ella quien tiene que recogerlas, pero eso no significa que haya explicado las normas de la casa al resto de la familia. Es mucho más efectivo comunicarlas explícitamente diciendo que se puede jugar en el salón, pero que por la noche hay que llevarse los juguetes y los libros al cuarto; que no hay que dejar las cosas olvidadas en la mesa; o que, si te quitas el jersey, luego hay que guardarlo en el armario.

En caso de que los niños o el marido pregunten por qué hay que recoger los juguetes al final del día o repliquen diciendo que les da pereza ir hasta el armario del piso de arriba, la solución es tan sencilla como plantearles qué otra opción proponen. No se trata de imponer nuestras normas a quienes nos rodean, sino de encontrar juntos las pautas más sencillas para toda la familia.

- **Hacer las cosas sin tener que pedirlas**

Un espacio común como el salón puede a ayudarnos a enseñar una lección muy importante a los niños: hay que hacer las cosas sin necesidad de que te las pidan.

Aunque inculquemos a los niños la importancia del orden preparándolos para recoger las cosas que les pertenecen y desempeñar un papel en la vida familiar, es muy posible que solo recojan cuando alguien se lo dice. ¿Queremos que se conviertan en autómatas o en individuos capaces de comprender las diversas situaciones y recoger voluntariamente una revista cuando vean que se ha caído al suelo?

El problema radica en lo que podemos hacer para estimular este tipo de comportamiento en el niño. Como en tantas otras cosas, no existe una fórmula mágica que nos dé la respuesta.

Sin embargo, también es cierto que los pequeños pueden comprender muchas cosas de lo que en distintos contextos intenta decirles su madre. Cuando los niños se disponen a llevar su taza de leche a la cocina, podemos pedirles que, de paso, lleven también la nuestra. Si aceptan de manera espontánea, les daremos las gracias diciendo lo mucho que nos han ayudado. Ahora bien, en caso de que protesten de algún modo, les explicaremos que tienen que ir a la cocina de todos modos y que a nosotros nos harían un gran favor.

Lo mismo puede aplicarse en caso de que la colada esté colgada en el interior y los niños protesten porque les molesta en sus juegos. En esta situación podemos pedirles amablemente que la descuelguen y esperar a ver qué pasa. Si se quejan de tener que hacerlo ellos, les explicaremos que se trata de la ropa de toda la familia y dividiremos el trabajo: ellos la recogen del colgador y nosotros la doblamos. También es posible que, llegado un punto, traten de evadir la responsabilidad diciendo que ya no quieren jugar. En estos casos incluso podemos enfadarnos y preguntarles dónde está escrito que seamos nosotros quienes deben recogerla. Si repetimos una y otra vez que podemos hacer las cosas porque nos vienen de paso y que debemos recoger algo cuando no esté en orden, con el tiempo aprenderán a actuar de manera voluntaria en cuanto vean que una cosa está fuera de su sitio, aunque nadie se lo haya dicho ni pedido. ¿Verdad que sería maravilloso?

Incluso aunque no funcione del todo, al menos aprenderán lo que podrían hacer por el bien de todos.

Para concluir esta sección, me gustaría hablar brevemente de la actitud que los hijos tendrían que adoptar hacia sus padres. A pesar de que no hay ningún problema en que recojamos su taza si nos viene de paso, no debemos dudar en enfadarnos si son ellos quienes nos lo piden tranquilamente porque vamos a la cocina. Es vergonzoso reconocerlo, pero de pequeña una vez le dije a mi madre que hay que utilizar a cualquier persona que tengamos a mano para que haga las cosas por nosotros. Mi madre se enfadó tanto que me hizo comprender al instante el respeto que se le debía tener.

Recoger la zona de baño: piensa en la persona que la usará después

La bañera es el lugar donde nos deshacemos de la suciedad corporal, por lo que no tarda en ensuciarse en cuanto nos descuidamos. El desagüe se llena de pelo, el jabón deja las superficies pringosas y la tapa del champú se queda abierta.

A menos que se lo digamos, es muy difícil que un niño sea consciente de que alguien va a bañarse después de él. No suele haber problema si vemos nuestro propio cabello flotando en la bañera y los botes jabón que hemos usado quedan desordenados, pero a la persona que venga después le creará una sensación de incomodidad. Este es el motivo por el que debemos advertir a los niños de que hay que recoger la zona de baño para que la próxima persona que lo use también esté a gusto.

- **Echa un vistazo rápido antes de salir del baño**
  Enfadarse y regañar a otra persona por cualquier pequeño detalle no es agradable para ninguna de las partes. Todos tenemos nuestros despistes y descuidos; pasar por alto estos errores también es una manera de establecer relaciones constructivas con la gente que nos rodea.

  La excepción a la regla se da durante el periodo en el que los padres están educando a los niños. Si queremos que a partir de los 10 años no haya que explicárselo todo, lo más efectivo es repetirles las mismas cosas con frecuencia mientras aún son pequeños.

- **No es lo mismo limpiar la zona de baño que dejarla ordenada**
  Tal como habíamos dicho al comienzo del libro, recoger y limpiar no son la misma cosa: ambas actividades tienen objetivos muy diferentes también en el caso de la zona de baño. A pesar de que mucha gente se imagina con el estropajo en la mano cuando hablamos de poner en orden esta parte de la casa, intentaremos hablar lo menos posible sobre técnicas de limpieza... aunque también es cierto que hay buenos trucos para eliminar el moho y las manchas de cal más resistentes.

Recoger el resto del baño: el espacio de la casa que siempre está en uso

En comparación con la zona de baño, el resto de esta habitación se utiliza con mucha más frecuencia y suele contener numerosos objetos: peines, maquinillas de afeitar, cepillos de dientes, pasta dentífrica, artículos de maquillaje, etc. Vamos al baño para asearnos por la mañana, para maquillarnos, para lavarnos las manos al volver del trabajo, para hacer nuestras necesidades, para cepillarnos los dientes y para realizar otras tantas actividades que deberán multiplicarse por el número de personas que forman parte de la familia.

- **Pasar la bayeta al momento**
  Aunque casi siempre haya alguien usando el baño, basta con dedicar medio minuto a recogerlo cada vez que lo utilizamos para que se mantenga limpio y ordenado. La clave para conseguirlo es tan simple

Recoger nunca había sido tan divertido

4 Así puedes doblar los jerséis y las camisas.

1

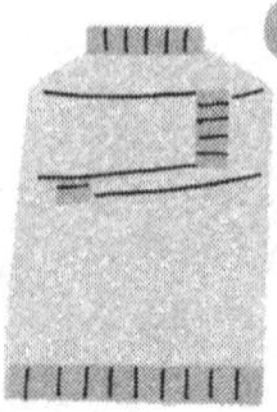

2

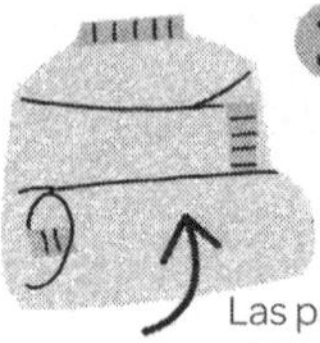

Los niños aprenderán a doblar y guardar sus sudaderas, camisetas, calcetines y ropa interior.

Enrollándolos sobre sí mismos evitas las arrugas. Las prendas serán más fáciles de guardar y sacar de su sitio.

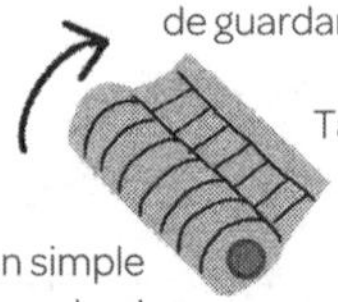

También funciona con faldas de tablas.

Es tan simple como envolverlas sobre sí mismas.

Guarda la ropa limpia al fondo, ya que las prendas se van cogiendo de la parte delantera a medida que se necesitan.

Las toallas también se pueden guardar con el mismo sistema.

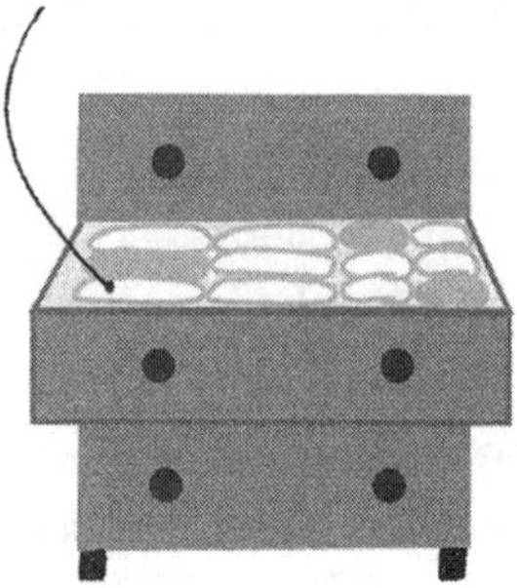

Los niños no las tirarán por accidente ni quedarán desordenadas.

como pasar la bayeta. Aunque esta acción esté estrechamente relacionada con la limpieza del hogar, se la presentaremos a los niños como si se tratara de una de las múltiples herramientas para recoger.

Cuando el agua cae al suelo al lavarnos las manos o salpica el contorno del lavabo, pasaremos una bayeta de inmediato. Quien dice una bayeta, dice un trapo o incluso pañuelos de papel. Si la balda se empapa al dejar el cepillo de dientes y la pasta dentífrica en su sitio, hacemos otro tanto por toda la zona mientras aprovechamos para organizar los botes y los tubos que pueden haber quedado desordenados.

Al principio será necesario indicar a los niños que deben pasar un trapo por el suelo porque se ha mojado. Sin embargo, cuando se acostumbren a usar la bayeta de manera automática, bastará con decirles que algo está mojado para que se den cuenta de lo que tienen que hacer.

- **Dejarlo todo recogido al acabar**

Las cosas del baño nunca salen del baño, por lo que recomendamos que los niños se acostumbren a dejarlo todo tal y como estaba antes de utilizarlo. Cuando se secan las manos en la toalla, hay que recordarles que no la dejen arrugada; cuando se olvidan de recoger el cepillo después de peinarse, que lo devuelvan a su sitio; cuando quedan cabellos en el peine y el lavabo, que los tiren a la basura.

Aunque, en efecto, resulta molesto estar pendiente de todos estos detalles, merece la pena que nuestros hijos adopten una actitud activa mientras aún son pequeños, para que no tengan que lidiar con la dejadez siendo adultos. Tal como habíamos dicho a la hora de hablar del salón, todo quedaría ordenado mucho antes si lo hiciera mamá. Aprovecharemos una vez más para recordar la importancia de mostrar cariño y paciencia a la hora de dejar que los niños hagan lo que deben.

Recoger la colada: vestirse por las mañanas puede ser un placer

Cuando la ropa está limpia y bien doblada podemos ponérnosla en el momento que se nos antoje gracias a la persona que la ha dejado en el armario. Este hecho, fácil de comprender para nosotros, no resulta tan intuitivo para los niños.

- **Vestirse es agradable cuando la ropa está bien guardada**
  Mantenemos una relación muy estrecha con nuestra ropa. Pasar el brazo por la manga de una prenda recién comprada nos hace sentir felices, dar con un *look* que consideramos representativo de nosotros mismos nos ayuda a ser fuertes, vestir una prenda cara aumenta la confianza. He aquí el poder de la moda.

  Lo mismo ocurre cuando nos ponemos una camisa recién lavada: también nosotros nos sentimos como nuevos. Vestir unos pantalones con la raya bien planchada transmite esa misma elegancia a nuestra persona. Como ha quedado claro, llevar prendas bien cuidadas está tan relacionado con nuestro aspecto físico como con nuestra confianza y vitalidad.

Del mismo modo que hacer la colada no solo consiste en quitar manchas de la ropa, tampoco planchar sirve tan solo para eliminar arrugas: ambas son tareas que contribuyen a que nos sintamos a gusto la próxima vez que llevemos esas prendas.

El último paso de este proceso consiste en doblar la ropa y guardarla correctamente. Aunque podemos hacerlo de una manera más automática, también tenemos la opción de animar al niño a que guarde su propia ropa en el armario y la cajonera para que se la pueda poner a gusto. En el momento de recoger la colada, la doblaremos en su compañía y haremos distintos montones: uno para la ropa de papá, otro para la de mamá y un tercero para la suya. Lo ideal sería que cada uno se encargara de guardar su montón, aunque es posible que el padre no llegue a colaborar: eso ya es algo que depende de la pareja.

- **Colgar la ropa es divertido**

Mucha gente detesta recoger la ropa, mientras que hacer la colada y tenderla parecen ser actividades más agradables para la mayoría de nosotros.

No caigamos en el error de pensar que la colada es una tarea exclusivamente de mamá. En vez de eso, probemos a hacerla en compañía de los niños. Mientras aún no están en edad escolar, pueden ayudarnos a meter la ropa sucia en la lavadora, echar el jabón, entregarnos las pinzas a la hora de colgar las prendas y acercarnos la camisa de papá cuando sea necesario.

A lo largo de todo el proceso, la madre debería felicitar a los niños por lo rápido que ha terminado gracias a ellos o hacer referencia al agradable olor de la ropa limpia. De este modo tal vez consiga que disfruten de la colada, algo que intentaremos enfatizar insistentemente señalando las prendas que ellos mismos han tendido cuando las estemos doblando.

Deberíamos considerar la opción de hacer a los niños responsables de la lavadora hasta los primeros cursos de la escuela primaria. Podemos estar a su lado para ayudar si es necesario, o compartir las tareas con ellos para asegurarnos de que aprenden a lavar y tender la ropa como es debido. Huelga decir que esto es algo aplicable tanto a niños como a niñas. Recuerdo que, cuando yo misma estaba en primaria y era la encargada de hacer la colada, esto me hacía sentir por un momento como los mayores.

Antes de terminar, conviene recordar a todas las madres que no olviden dar las gracias a sus pequeños por ayudarlas y felicitarlos por lo bien tendida que ha quedado la ropa.

Recoger el recibidor: la primera impresión del hogar debe ser impecable

El recibidor no es tanto una parte de la casa como el límite entre el interior y el exterior. Es, por supuesto, un espacio común dentro del hogar, pero también el lugar que nos vincula con los vecinos.

- **El recibidor es el rostro público del hogar**
  Dejar las prendas de abrigo y el calzado tirado en la entrada es un acto impulsivo que denota dejadez. Resulta agotador ver lo dispuestas que parecen estar algunas familias a mostrar una privacidad que no nos interesa dejando desperdigadas por esta parte de la casa las cosas con las que han salido a la calle o con las que han vuelto al hogar. Por el contrario, aunque la casa no esté perfecta, al entrar en un hogar con el recibidor bien arreglado, tenemos la impresión de estar tratando con personas más cuidadosas con su entorno y que probablemente también conserven el orden en su vida cotidiana.

  Deberíamos enseñar a los niños que la entrada de la casa siempre debe estar limpia. Aun a riesgo de hacernos pesados, no es tarea de una madre recoger las cosas que los niños han dejado en el recibidor, sino indicárselo para que las recojan por sí mismos. Tal como mencionábamos en el primer capítulo, el recibidor puede considerarse un espacio público y por lo tanto debe existir la norma no escrita de no dejar nuestras cosas olvidadas en él.

- **La opinión de los demás**
  Cuando expliquemos a los niños cómo mantener el recibidor ordenado, también deberíamos señalar la importancia que tiene en algunos casos la opinión de los demás. Puede que preocuparnos por el qué dirán no sea una actitud del todo constructiva; a fin de cuentas, deberíamos hacer lo que nos parece correcto sin que nuestras acciones cambien por el mero hecho de que alguien esté mirando.

Al mismo tiempo debemos tener en cuenta que las personas también se definen en contacto con la gente de su alrededor, y que estas relaciones les ayudan a encontrar su individualidad. En una sociedad tan centrada en el individuo como la nuestra, la concepción que tenemos de nosotros mismos se ha vuelto infantil y somos incapaces de determinar lo que conforma nuestra personalidad.

Cuando hablamos de tener en cuenta la opinión de los demás, no nos referimos a complacerlos, sino a observar nuestras acciones a través de sus ojos para ver si nuestro comportamiento nos parece lo bastante atractivo. Ser conscientes de nuestra conducta hace que las acciones que realicemos mejoren sin darnos cuenta. Podríamos pensar que una visión objetiva de nosotros mismos, elaborada en abstracto, resultaría más efectiva de cara a este fin; pero el argumento cae por su propio peso. Cuanto más particular sea el modo en el que nos vemos a través de otros ojos (¿qué opinan los vecinos cuando vienen a casa?, ¿cómo se sienten las visitas en nuestro hogar?), mayor será el efecto que tenga en nosotros a la hora de mejorar.

Por lo tanto, no debemos arrepentirnos al mencionar el ridículo que sentirán los niños si alguien viene a casa y los zapatos están tirados en el recibidor. A pesar de las similitudes, realizar este tipo de comentarios no es exactamente lo mismo que usar a otra persona como excusa para regañar a un niño, como cuando una madre le ordena a su hijo que guarde silencio porque un señor con cara de malas pulgas lo está mirando en el tren.

Conviene que hagamos énfasis en cómo nos sentimos, por ejemplo, explicando que mamá estará muy avergonzada si llega una visita y ve los zapatos tirados en el recibidor. De este modo podemos decirle a un niño que, aunque a mamá le dé igual, debe guardar silencio porque un señor lo está mirando; o que debe hacerlo porque mamá cree que es lo correcto, y además hay un señor con cara de malas pulgas mirándolo. No importa optar por un matiz o por el otro; sea cual sea la forma en que lo presentemos, el niño probablemente entenderá a la perfección lo que su madre intenta decirle.

- **Preparando el recibidor**

En la sección anterior hemos hablado de la importancia de tener el recibidor libre de trastos, pero también de pensar en los invitados para hacerles sentir cómodos cuando entren en nuestro hogar.

A continuación veremos cómo el hecho de tener un espacio recogido también tiene cierta relación con su decoración. Cuando queremos que alguien se sienta a gusto con nosotros, podemos conseguirlo de manera activa invitándolo a comer o a escuchar un recital. Sin embargo, también podemos conseguir el mismo efecto de manera pasiva haciendo que el lugar donde nos encontremos resulte acogedor: aquí es donde entran en juego el orden y la decoración. Aunque en este último caso nuestras intenciones no se transmitan de manera tan directa, es también una herramienta para comunicar a otra persona que la hemos tenido en consideración.

Si animamos a los niños a acompañarnos cuando ponemos flores en el recibidor o a comprobar el estado de la entrada porque a las tres recibiremos una visita, también ellos aprenderán a tener en cuenta cómo se sienten los demás.

Recoger el lavabo: sin rastro de suciedad

El lavabo es sin duda el lugar menos higiénico de la casa y precisamente por ello debemos tener un cuidado especial para mantenerlo limpio. Por muy moderna que sea la instalación, basta con el descuido de una sola persona para que se ensucie en un abrir y cerrar de ojos.

- **Comprobar el estado del lavabo nada más usarlo**
  Tal como sucedía con la zona de baño, debemos procurar que los niños piensen en la persona que usará el lavabo después de ellos. En lugar de dedicarle tiempo varias veces por semana, podemos ahorrarnos una limpieza en profundidad si todos los miembros de la familia se aseguran de que ha quedado limpio después de usarlo. Esto incluye mirar si quedan gotas de agua o cabellos en la taza del inodoro, comprobar si la parte inferior de la tapa se ha manchado, si hay restos de papel en el suelo, si la alfombrilla se ha arrugado y si el papel higiénico ha quedado colgando, aunque no lleguemos al punto de doblar el extremo formando un triángulo como hacen en los hoteles, algo que muchos considerarán excesivo.
  Si los padres entran en el baño después del niño y descubren rastros de suciedad, no les corresponde a ellos limpiarlos. En su lugar deberán avisar a su hijo

de que han quedado algunas gotas de agua en el inodoro, para que él mismo las limpie. Una vez que los pequeños inician la educación primaria deberían ser capaces de hacer todo esto ellos solos. Hasta entonces es suficiente con pedirles que nos acompañen al lavabo cuando haya un problema para ayudarnos a solucionarlo y enseñarles cómo se debe arreglar.

- **Asignar la limpieza del baño a los niños**

En Japón existe el dicho de que las niñas crecen guapas si limpian el lavabo; de hecho, mi propia madre me encargaba a mí esta tarea cuando hacíamos la limpieza general en casa. Ignoro si he llegado a ser una mujer atractiva gracias a ello, pero sí que me ha hecho creer que debemos hacer que los niños limpien esta parte de la casa de vez en cuando.

Oímos hablar de lavabos con más frecuencia de lo que parece, bien sea porque el presidente de una gran empresa limpia los inodoros de su propia compañía, bien porque esta actividad se incluye en el proceso de rehabilitación de los delincuentes juveniles. El lavabo es el lugar más sucio de la casa, pero también es muy necesario: da la impresión de que al limpiarlo algo se corrigiera en nuestro interior.

Es por ello que, cuando vamos a recibir una visita, debemos limpiar esta parte de la casa en primer lugar. Los hogares con un lavabo pulcro siempre resultan presentables, mientras que un lavabo sucio hará que la casa parezca descuidada por muy radiantes que estén las demás estancias. Es curioso.

Las mayores lecciones son a menudo las que nos parecen más irritantes, por lo que tampoco hay necesidad de explicar a los niños por qué deben limpiar el baño: basta con que prueben a hacerlo por sí mismos. El simple hecho de emprender esta actividad los conducirá a sus propios descubrimientos infantiles.

Animar a los niños a que participen en la limpieza de la casa

A lo largo de este capítulo nos hemos centrado en mantener el orden del hogar, por lo que trataremos de concluirlo con algunos apuntes sobre su limpieza. En muchos casos la madre es la encargada de desempeñar esta labor y el resto de la familia tan solo colabora limpiando las ventanas o dando vueltas por la casa con un paño en la mano cuando se realiza la limpieza general.

No tenemos por qué llegar al extremo de hacer que los niños pasen el aspirador por la mañana o enceren los muebles, eso está claro. Basta con que se acerquen a esta tarea de manera cotidiana, limpiando lo que ven que está sucio tal como comentábamos a la hora de pasar la bayeta en el baño.

Si esperamos a que las cosas se ensucien para adecentarlas, la limpieza se convertirá en una tarea ardua y fatigosa. Tal como habíamos recomendado cuando hablábamos de ordenar, también en el caso de la limpieza hay que arreglar las pequeñas cosas que veamos sucias para garantizar la pulcritud del espacio. Mi marido es experto en este arte: le falta tiempo para limpiar cualquier detalle que pueda afear el aspecto de la casa. Esto me facilita mucho las cosas, la verdad. Tanto, que hay semanas en las que apenas hay necesidad de pasar el aspirador.

Ni siquiera la limpieza del baño, que por regla general suele ser la más exigente, deberá realizarse con demasiada profundidad si se siguen estos consejos. Cuando quieras darte cuenta, habrán pasado días y días sin que hayas tenido que limpiar ciertas zonas de la casa. Es más, si de repente una visita anuncia su llegada, en apenas cinco minutos lo tendrás todo a punto.

Por desgracia hay todavía muchas personas que no participan activamente en las tareas del hogar, motivo de más para inculcar a los niños la costumbre de limpiar cada vez que ven algo sucio. Esta es la única manera de fomentar una vida de hogar en la que la limpieza se entienda como una responsabilidad colectiva.

- **Recoger la basura nada más verla**

  Aunque no sea como para pasar la aspiradora a toda la casa, a menudo podemos encontrar algún que otro desperdicio por el suelo: trozos del envoltorio de un caramelo que han comido los niños, recibos, hilos sueltos que han caído de una prenda... Qué curioso que estas cosas llamen tanto la atención con lo pequeñas que son.

  Es precisamente su tamaño lo que hace que niños y adultos finjamos que no los hemos visto cuando descubrimos que están ensuciando el suelo. Sin embargo, la presencia de estos pequeños objetos es más que suficiente para que de repente una habitación deje de parecernos limpia.

  Tenemos que dejar de escaquearnos y recoger al instante las cosas que veamos en el suelo, para lo que resulta de gran utilidad colocar papeleras en varios lugares de la casa. Si tirar algo a la basura nos requiere un esfuerzo, es muy posible que ni siquiera nos molestemos en cogerlo.

Ahora bien, ¿cómo podemos inculcar esta costumbre en los niños? En primer lugar les llamaremos la atención cuando veamos el envoltorio de algo que han comido en el suelo, aunque sea solo un fragmento, o si han dejado trocitos de papel por el salón después de estar recortando. En estos casos podemos mencionar que hemos visto algo en el suelo o pedirles que se aseguren de que no han quedado desperdicios cuando terminen con lo que están haciendo.

Si lo que ha caído al suelo son restos de comida, a menudo es la madre quien los recoge. No obstante, si los niños han cumplido ya los 5 o 6 años, ya son lo bastante mayores como para recogerlos por sí mismos y pasar un paño para limpiar la zona. Es muy posible que el colegio al que asisten también aliente este tipo de comportamiento. De igual modo, si vemos algo que debería estar en la basura cerca de ellos mientras están sentados en una silla o jugando en el suelo, les pediremos que lo recojan.

- **El polvo también es suciedad, hay que eliminarlo nada más verlo**

El polvo no aparece de repente en un sitio, sino que se va acumulando imperceptiblemente poco a poco. Cuando lo vemos por primera vez forma tan solo una película traslucida que no tardará en volverse mucho más espesa.

Si pasamos un trapo, una gamuza o incluso un pañuelo de papel al ver las primeras señales de polvo, lo agradeceremos más adelante. Puede que quitar todo el polvo del salón exija tiempo y esfuerzo, pero hacer lo propio con las áreas donde más se acumula (sobre el televisor, bajo la mesita auxiliar), apenas nos llevará un minuto.

Es demasiado pedir que los niños se den cuenta de estas cosas sin ayuda, por lo que de momento será suficiente con que vean a mamá limpiándolo. Lo importante es que entiendan que limpiar la casa no es una tarea a gran escala, sino algo que se va haciendo poco a poco a fuerza de mantener una actitud activa. Este punto puede ilustrarse muy claramente con las manchas de aceite de la cocina: si pasamos un paño después de freír la comida podemos enorgullecernos del resultado delante del niño.

Cuando nuestros hijos hayan empezado la educación primaria, podrán empezar a ayudarnos poco a poco quitando el polvo del televisor o pasando la escoba debajo de la mesa del comedor.

Aunque puede que durante los años de bachillerato no hagan caso de lo que les decimos, aprovecharemos la edad en la que aún no pueden llevarnos la contraria para que al menos memoricen cómo se hacen las cosas y algún día puedan recordarlo de manera instintiva.

- **Vacía todo lo que se llena**

Hay muchos espacios que pueden llenarse en una casa: la cesta de la ropa sucia, el cubo de la basura, el escurreplatos, el revistero, etc. Aunque yo no sea la persona más indicada para hablar del tema porque siempre espero a que la basura esté a rebosar, deberíamos adoptar la costumbre de vaciar las cosas en cuanto notemos que se han llenado. Limpiar y ordenar la casa será más sencillo de este modo.

Solemos hacer la colada porque es fin de semana y sacamos la basura porque es el día en el que vienen a recogerla. El hecho de que las cosas se llenen es otro factor a tener en cuenta a la hora de organizar las tareas del hogar: si no cabe nada más en la cesta de la ropa sucia, pondremos una lavadora en ese preciso momento; si no cabe nada más en el escurreplatos, guardaremos la vajilla; si el revistero está lleno, lo vaciaremos.

Ahora bien, si son los niños los que se quejan de que la papelera está llena, les pediremos que la vacíen tirando su contenido al cubo de la basura. Del mismo modo, si protestan porque no hay sitio en las estanterías, les propondremos guardar los juguetes que ya no usan en la zona que corresponda.

La lección que queremos transmitirles con esta actitud es que las cosas que están demasiado llenas no son agradables.

- **Los niños deben recoger su habitación**

Cada uno debe encargarse de su propio espacio: mamá no siempre estará ahí para limpiar el cuarto. Esto no significa que no vuelva a entrar en él, sino que simplemente no lo hará para realizar las tareas que les corresponden a los niños. Irá cuando quiera hablar con ellos o para llevarles alguna cosa.

A la hora de enseñarles a limpiar podemos establecer tres edades a modo de referencia: los 3 años, los 6 años y los 10 años. Hasta los 3 años los niños ayudan a los padres, hasta los 6 años son los padres quienes ayudan a los hijos y hasta los 10 años los niños son cada vez más autónomos, aunque los padres revisarán de vez en cuando lo que haga para asegurarse de que lo han aprendido todo correctamente.

Según los resultados de una encuesta de 1991 realizada en Japón sobre los responsables de limpiar la habitación de los niños, solo el 1% de los alumnos de primero de primaria limpia su habitación, en contraste con el 28,6% que lo hace junto con su progenitor y el 65,3% que lo deja exclusivamente en manos del adulto al cargo. Si planteamos esta misma pregunta a niños de cuarto de primaria, el porcentaje de niños que realiza esta tarea en solitario asciende al 5,8 %, el 32,5% limpia la habitación con ayuda de su madre y los casos en los que las madres son las únicas responsables se reducen hasta el 51,8%. Al llegar a primero de bachillerato, el 26% de los estudiantes recoge la habitación por sí mismo, el 27,7% lo hace con su madre y en el 45,2% de los casos es solo la madre la que se encarga del asunto.

Esto significa que incluso una vez iniciado el bachillerato, siete de cada diez estudiantes deja la responsabilidad de la limpieza en manos de su madre. Si comparamos estos resultados con los de Estados Unidos, veremos que a los seis años el 71,1% de los niños estadounidense limpia su habitación sin ayuda de nadie. El 11,3% lo hace con ayuda de su madre y en el 15,1% de los casos es la madre la que se encarga de las tareas de limpieza. En Polonia, por citar otro ejemplo, el 29,4% de los niños de primaria limpia su habitación sin ayuda, mientras que el 39,25 % lo hace contando con la ayuda de su madre y el 23,5 % lo deja por completo en manos del progenitor al cargo. Cuando han llegado a cuarto de primaria, la mitad de estos niños limpia su habitación de manera autónoma.

Al comparar las cifras de Japón con las de países extranjeros, resulta preocupante lo dependientes que llegan a ser nuestros niños. Y algo me dice que esto no es algo que se aplique tan solo a la limpieza.

RESUMEN DEL CAPÍTULO 3

Actitudes que deseamos alentar para una vida ordenada:

1. Fomentar en los niños la consideración hacia los demás para no ser una carga, de manera que puedan adoptar esas mismas actitudes en espacios públicos.
2. Buscar las tareas aptas para el niño e inculcarle el hábito de recoger de manera espontánea. Esta costumbre será un tesoro para toda la vida.

Aspectos a considerar a la hora de pedirle a un niño que recoja o nos ayude:

1. Comida: recoger después de las comidas, buscar otras tareas que pueda realizar.
2. Salón: establecer la regla de que no debemos dejar nuestras cosas en los espacios comunes.
3. Área de baño: pensar en la siguiente persona que usará la ducha o baño; comprobar el estado antes de salir.
4. Resto del cuarto de baño: limpiar y recoger por sí mismos después de usarlo.
5. Colada: participar en las tareas que puedan realizar.
6. Recibidor: tener en consideración la impresión que causa en las visitas, concienciarlos del valor de las opiniones ajenas.
7. Lavabo: pensar en la siguiente persona que usará el lavabo; comprobar el estado antes de salir.

Empezar el día con la limpieza

Intentemos recordar cuando éramos niños e íbamos a la escuela, o bien los primeros días de nuestra vida laboral, si lo preferís.

Cuando yo estudiaba primaria, hará por lo menos 30 años, todas las mañanas, antes de empezar las clases, el encargado del día se ocupaba de pasar el trapo por las mesas (tanto la del maestro como la suya y las de sus compañeros), cambiar el agua de las flores y limpiar la pizarra entre otras tareas. De igual manera, cuando empecé a trabajar en una empresa (en mi caso, más de 15 años atrás), una de las tareas de los nuevos empleados era justamente la limpieza. En aquel entonces ya estaba en vigor la Ley de Igualdad de Oportunidades en el Trabajo, de modo que todos los nuevos, fuéramos hombres o mujeres, debíamos turnarnos para limpiar las mesas y preparar el té para los compañeros antes de empezar a trabajar.

Al acabar la jornada, en la escuela volvíamos a limpiar, mientras que en la empresa, como nos marchábamos de manera escalonada, cada uno se encargaba de ordenar por encima su escritorio.

En comparación, pues, a lo que se llevaba en otros tiempos, donde empezaba el día limpiando y ordenando la casa antes de preparar el desayuno, se podría decir que el estilo de vida que llevo ahora es un poco desastre.

Cada mañana, después de dejar a los niños en el colegio, lo primero que hago siempre es sentarme en mi escritorio y ponerme a trabajar, dando prioridad las labores profesionales antes que a las del hogar. Aun así, siempre que puedo intento ponerme al día con la casa durante el fin de semana, del mismo modo que aprovecho para poner lavadoras a última hora del día de lunes a viernes. Esto no me convierte en el mejor de los ejemplos, lo sé... Sin embargo, reconozco que me encanta la idea de empezar la mañana teniéndolo todo limpio y ordenado, y eso hace que me pregunte si no sería bueno que entre todos intentáramos recuperar un hábito que, a a mi entender, resulta de lo más estimulante.

Pongamos por ejemplo la mesa del desayuno. Aunque a primera vista pueda parecer limpia, durante la noche habrá ido acumulando polvo. Y yo me pregunto: ¿no sería bueno darles un trapo a los niños y aprovechar para enseñarles a limpiar? Otra opción sería proponerles pasar la escoba por el recibidor una vez levantados, como tarea habitual. Esto es algo que yo misma hacía de pequeña, un poco a regañadientes (y más teniendo en cuenta que, al vivir en una casa unifamiliar, no era solo el recibidor lo que tenía que barrer, sino también una parte de la calle, incluyendo unos metros de la parcela del vecino). De buenas a primeras puede parecer un faenón, pero en realidad no lleva más de dos o tres minutos.

Durante los periodos largos de vacaciones, si los niños dedican la mañana a hacer los deberes, es también recomendable inculcarles la costumbre de ordenar su escritorio antes de ponerse a ello.

Y no tenemos por qué limitarlo a las mañanas. Es bueno recordarles a tus hijos que antes de cenar tienen que recoger sus cosas de la mesa, y que no basta con apartarlas. Por supuesto los padres debemos predicar con el ejemplo y recoger también nuestra parte. Lo mismo ocurre cuando queremos relajarnos en familia en la sala de estar: si todavía hay desorden encima de la mesa, no nos sentaremos hasta que, entre todos, lo hayamos puesto todo en su sitio.

Entiendo que todo esto puede resultar un poco pesado, pero si nos mostramos firmes en nuestra decisión de hacerlo, notaremos que nos movemos con mayor libertad. Si adquirimos buenos hábitos desde la infancia, seguro que de mayores nos saldrán de manera espontánea.

Capítulo 4

¿QUÉ HACEMOS CON LA HABITACIÓN DE LOS NIÑOS?

Argumentos a favor y en contra de que los niños tengan habitación propia

Al escuchar «cuarto infantil», lo primero que nos viene a la cabeza es el dilema de si nuestros hijos necesitan tener una habitación para ellos solos o no. En Japón es común la creencia de que la habitación privada es el caldo de cultivo de la delincuencia juvenil, o de que propicia el aislamiento social y la pérdida de comunicación con el resto de la familia. Por ello no es de extrañar que los padres, al planificar la distribución de la casa, se planteen cuestiones como las de si deberían incluir separadores en la habitación de los niños, si la mejor opción sería que los hermanos compartieran cuarto, o si hay que situar la habitación infantil de tal modo que para acceder a ella tengan que pasar necesariamente por la sala de estar.

Este debate, que se abrió en la década de los ochenta cuando empezaron a salir a la luz problemas como la delincuencia juvenil o la alienación social (lo que ahora se conoce como el fenómeno *hikikomori*), continúa vigente hoy en día.

En la sociedad nipona, la discusión alrededor de este tema se remonta a los años veinte, cuando los hijos de las familias de clase media empezaron a tener un cuarto solo para ellos. Sin embargo, no fue hasta después de la guerra que, con el deterioro del sistema patriarcal tradicional y el auge de la nueva democracia llegada de los Estados Unidos, el concepto creció en popularidad.

En aquellos tiempos se decía que una habitación individual permitía al niño desarrollar mejor su personalidad, y que, a su vez, lo hacía menos dependiente. Además, se destacaba su utilidad como lugar de estudio y se estimaba que tenía una función preventiva de cara a posibles comportamientos criminales. Sin embargo, no tardaron en aparecer corrientes contrarias que desaconsejaban el hecho de destinar un cuarto a los niños en exclusiva.

A día de hoy, muchos padres japoneses entre los 20 y los 40 años de edad valoran positivamente haber podido disfrutar de una habitación propia durante su infancia, aunque a la hora de la verdad muchos de ellos dudan de si deberían ofrecer lo mismo a sus hijos.

Lo cierto es que a estas alturas no son pocos los que optan por renunciar a la tradición de dormir todos en el mismo cuarto y empiezan a planearse la opción de organizar habitaciones infantiles, ya sean individuales o compartidas entre hermanos.

La habitación propia como requisito para el desarrollo de la individualidad

En un mundo donde hay tantas corrientes acerca de cómo educar a los niños, es normal que incluso los padres con fuertes convicciones no consigan disipar sus dudas; no digamos ya los padres inseguros, que suelen dejarse influenciar fácilmente por la presión social.

Yo misma tengo dudas acerca de cómo debería educar a mis hijos. Sin embargo, hay un principio que tengo muy claro: mis hijos, a pesar de ser niños, son tan personas como yo. Aunque pertenezcamos a generaciones distintas, convivimos en una misma época y sociedad, por lo que no me parece necesario hacer demasiadas distinciones entre unos y otros.

Estoy convencida de que los niños deben tener su propia habitación, y para llegar a esta conclusión, me baso en mi experiencia personal como niña y en lo que siento actualmente como adulta.

Yo compartí habitación con mi hermana mayor desde que era un bebé y hasta segundo de primaria. En ese punto remodelamos la estancia dividiéndola en dos espacios separados, y cuando empecé en el instituto ya tuve un cuarto entero para mí sola. En el periodo comprendido entre la primaria y el bachillerato pude disfrutar de «mi tiempo» a solas, en mi habitación, y aquel tiempo tan preciado me sirvió para cultivar mi imaginación. Leía libros, me tumbaba en el futón, decoraba el espacio a mi gusto... Tenía mis momentos para estar sola, y también tenía tiempo para disfrutar en familia.

Normalmente se entiende que «pasar el rato a solas» y «saber convivir con otras personas» son las dos caras de una misma moneda. Si una de las dos resulta un impedimento para la otra, lo más probable es que ninguna de ellas pueda desarrollarse de manera satisfactoria. Dicho de otra forma: para mantener vivo nuestro orgullo como individuos es necesario que coexistan «individualidad» y «convivencia». Es por ello que la necesidad de tener una habitación privada no se limita a los niños. Como madre, esposa y mujer, considero muy necesario poder disponer también de mi espacio. La familia la forma un conjunto de individuos que ha tomado la decisión de vivir bajo un mismo techo, por lo que padre, madre e hijos necesitan tener sus respectivos espacios en los que poder estar a solas.

Aunque el hogar arquetípico del Japón actual se compone de la habitación de matrimonio, la habitación de los hijos y la sala de estar, si cada uno dispusiera de su espacio personal, por muy pequeño que este fuera (una cama es suficiente), afloraría en todos el deseo de estar con la familia, y los momentos que pasaran juntos ganarían un valor especial.

Ahora mismo, mi marido y yo trabajamos ambos en casa y disponemos cada uno de nuestra habitación, donde pasamos varias horas al día solos. De este modo, cuando nos juntamos para comer, tomar una copa, jugar con los niños o ver una película, estamos de mejor humor y disfrutamos más de la compañía mutua.

Si estamos molestos por algo que ha ocurrido en el trabajo, si hay ciertas cosas que nos preocupan o si nos hemos enfadado con un miembro de la familia, siempre podemos encerramos en nuestro cuarto para enfriar los ánimos y recuperar la calma.

En mi opinión, que la comunicación entre los miembros de la familia no funcione como debería no tiene nada que ver con el hecho de que dispongan de habitaciones distintas para cada uno. Al contrario, si un niño no se siente a gusto en casa y no tiene un espacio en el que poder recogerse, lo más seguro es que acabe por irse a otro sitio. Es más, una respuesta común en encuestas realizadas a jóvenes que dieron el salto a la delincuencia suele ser que «en casa no tenían su espacio».

Lo cierto es que dejar a los niños una habitación abierta, sin ningún tipo de separador tras el que puedan relajarse en la intimidad, es señal de que confiamos poco en ellos.

A mi modo de ver, un niño tiene que poder disponer de su cuarto y, si así lo quiere, lo mejor es que sea un espacio cerrado (siempre y cuando las características de la casa lo permitan, claro). Yo no quiero que mis hijos utilicen su habitación solo como un lugar de estudio; lo que quiero es que aprendan a manejarse en su espacio propio y así puedan crecer como personas verdaderamente autónomas.

Una casa y una habitación son lo mismo

La habitación para el niño es como la casa para el adulto. Me explico: yo misma siempre he querido tener mi propia casa, y sería feliz si pudiera tener una casa unifamiliar nueva, o un buen piso de 100 metros cuadrados. Construiría una terraza, me gastaría un dineral en acondicionar el interior, cuidaría del jardín, organizaría fiestas... Mucha gente sueña con cosas de este estilo y algunas consiguen hacerlo realidad con el tiempo.

Lo cierto es que, hoy en día, los precios de la vivienda en Japón son más asequibles que años atrás. En los últimos 20 años, el número de gente que reside en viviendas de propiedad ha aumentado hasta el 60 % a escala nacional, mientras que en las grandes metrópolis como Tokio u Osaka el porcentaje ronda el 50 %. El tamaño medio también ha ido en aumento, siendo en el año 2000 de 90 metros cuadrados, y de 63,4 metros cuadrados en la atestada Tokio, donde la viviendas son indudablemente más pequeñas pero van creciendo año tras año.

Siguiendo con el paralelismo entre las casas y los cuartos infantiles, debemos decir que actualmente más de la mitad de la gente en Japón dispone de casa propia. La mayoría cree que para poder vivir una vida plena lo primordial es disponer de un lugar en el que sentirse seguro, por lo que tener casa propia no se limita a la clásica cuestión económica de «pagar por pagar, prefiero que la casa sea mía», sino que el objetivo es sobre todo «ser feliz». No podemos obviar, pues, ese sentimiento que se esconde tras el «me gustaría tener mi propia casa»: aunque reconozcamos esta aspiración, nuestro interés se extiende más allá de la casa, de modo que lo que ocurra en el área colindante, el área residencial alrededor del hogar, tendrá también un papel determinante.

Si tuviéramos el convencimiento de que solo nos pertenece lo que queda justo antes de la línea que nos separa del vecino, no nos importaría construir hasta el borde o apilar cosas en los límites de nuestra parcela, aunque con ello obstruyéramos la ventana de la casa de al lado, y tampoco nos preocuparíamos por solucionar ciertos problemas ajenos a nuestra parcela, como por ejemplo que el lugar para dejar la basura de la comunidad estuviera hecho un desastre, pues no sería nuestra responsabilidad.

Como casos extremos podemos poner el ejemplo de las «casas vertedero» o las casas llenas de gatos: aunque suponen una molestia para el vecindario, al tratarse de propiedades privadas, ni siquiera la administración puede hacer nada al respecto.

Pues bien: lo mismo se aplica a los cuartos infantiles y a la comunicación en la familia: deberíamos pensar más en cómo podemos hacer compatible la individualidad de cada uno con la convivencia entre todos y buscar la manera de poner en práctica ese equilibrio.

La habitación como expresión del yo del niño

Si nos fijamos en las teorías a favor y en contra de las habitaciones infantiles, veremos que la mayoría de ellas parecen centrarse solo en temas relacionados con la distribución de la casa: dar o no un espacio cerrado al niño, decidir qué clase de espacio es el más adecuado, etc. Sin embargo, una habitación no es una simple «caja», sino un lugar en el que los niños pasarán largos ratos interactuando con los objetos que ellos mismos habrán elegido. Se trata de un espacio que van a gestionar por su cuenta y en el que construirán un entorno que les haga sentirse a gusto.

Así como dos apartamentos de un mismo bloque que comparten la misma distribución pueden tener un aspecto totalmente distinto dependiendo de quién los habite, con las habitaciones ocurre lo mismo, y es que en ambos casos el lugar no deja de ser el reflejo del *yo* de sus ocupantes.

La expresión «dime qué cosas tienes en casa y te diré quién eres», que hemos visto en el apartado «Niños que saben manipular los objetos que les rodean» de la introducción, cobra también sentido cuando hablamos de la habitación del niño: la distribución de los muebles, los posters que tenga colgados, el diseño de las cortinas, las maquetas que pueda tener expuestas... Al decidir por sí mismo cómo quiere que sea su cuarto, el niño irá desarrollando su gusto: «esto queda bien aquí», «así me siento mejor», «esta cortina ya me aburre», etc.

A partir de aquí, y basándose en estas impresiones, sustituirá unos objetos por otros, cambiará el tipo de decoración, y a medida que vaya haciéndolo, irá tomando conciencia de su individualidad.

No somos los padres quienes debemos indicar a nuestros hijos cómo gestionar su espacio y con qué fines deberían utilizarlo; lo que debemos plantearnos es «cuando nuestro hijo tenga su cuarto, ¿de qué manera debemos comunicamos con él?».

¿Cuándo y en qué lugar tenemos que darle su espacio?

Si entendemos la habitación infantil como un espacio en el que el niño pueda desarrollar y expresar su identidad, el próximo paso será plantearnos cuál es el mejor sitio para situarla en relación a la edad del niño.

Se dice que los niños empiezan despegarse de la madre y a tomar consciencia de sí mismos, como seres individuales, alrededor de los 3 años. A partir de este momento, y hasta los 6, aunque siguen pasando mucho rato con sus madres, no necesariamente están bajo vigilancia continua, por lo que veo adecuado que puedan contar con la posibilidad de encontrar un cierto «espacio personal» en su habitación o en su rincón de juego. Entre los 3 y los 4 años, mientras están abstraídos dibujando o jugando con muñecos, poco les importa si los están mirando o no, de modo que con tener su «espacio personal» o «rincón favorito», aunque no sea un lugar cerrado, les basta.

A esas edades los niños pueden tener personalidades muy dispares, y mientras unos hacen gala de un espíritu independiente, otros se pegan como lapas a sus madres. Partiendo, pues, de la manera de ser de nuestros hijos, de las características de la vivienda y de las circunstancias particulares de nuestra familia, decidiremos si les damos una habitación para ellos solos o si, por lo contrario, con un rincón ya tienen suficiente. En cualquiera de los casos, es bueno que empiecen a acostumbrarse a identificar un espacio como suyo y que aprendan que ello conlleva una serie de derechos (este sitio es para mí) y de responsabilidades (tengo que mantenerlo ordenado).

Llegada la edad de empezar la educación primaria, los niños se dan cuenta de que han subido a un nuevo nivel y notan cómo su mundo empieza a expandirse. Es entonces cuando ya no tienen tantas ganas de estar con sus padres y prefieren jugar con sus amigos. De ese periodo todavía recuerdo el terror que sentía al plantearme cuestiones como «¿qué ocurría si muriera?» o la extraña sensación que me producían descubrimientos y reflexiones del estilo de «yo soy "yo", pero mamá también es "yo"».

A mi entender, a esta edad la habitación propia es ya imprescindible, puesto que empiezan a surgir en el niño toda clase de emociones complejas como la rabia, la tristeza, la alegría o el arrepentimiento, y ello requiere de un lugar en el que poder estar tranquilo y seguro para gestionarlas.

Al mismo tiempo, tener una habitación les ayuda a aprender a responsabilizarse de sí mismos y de sus posesiones, haciéndoles darse cuenta de que no pueden depender de sus padres para temas como el estudio o el orden, sino que eso es algo que deben gestionar por sus propios medios.

Como he mencionado antes, además de aprender a vivir como personas individuales es necesario que todos seamos capaces de encontrar el equilibrio entre «individualidad» y «convivencia». De igual forma, el niño debe empezar a ejercitar estos conceptos aprendiendo a diferenciar entre los espacios de la casa que comparte con la familia y el espacio privado de su habitación, y esta es una buena edad para que lo haga.

Llegado a los 10 años, el niño ya debería ser capaz de administrar su habitación por sí mismo. Por supuesto, a esa edad sigue siendo un niño (tanto física como psicológica y económicamente), pero ya tiene la pubertad a la vuelta de la esquina y es probable que tarde o temprano empiece a reclamar su independencia.

Una vez entrados en la adolescencia, nuestros hijos dejan atrás la infancia y se aproximan a la madurez, por lo que los padres deberíamos empezar a reconocerlos ya como personas independientes y tratarlos en consecuencia. Si no nos decidimos a hacerlo hasta que llegan a los 20 años o dejan el hogar, será demasiado tarde. Es preferible, pues, que nos avancemos un poco en empezar a tratarlos como adultos, de manera que su conducta y su manera de pensar empiecen a adaptarse al nuevo período de sus vidas.

Cómo hacer una habitación infantil

En el apartado anterior he expresado un poco por encima mi punto de vista, considerando la edad de los niños como criterio de partida. Aquí desarrollaré este punto concentrándome en cómo hacer una habitación infantil, así como en los principios de orden que habría que seguir. Tengo que decir que lo que viene a continuación se basa exclusivamente en mis criterios personales, que pueden ser o no aplicables según el carácter de cada niño o las circunstancias específicas de cada familia, por lo que recomiendo tomárselo con flexibilidad y no al pie de la letra.

Hasta los 3 años: al lado de mamá

En la mayoría de casos, cuando están en casa los niños de hasta 3 años suelen estar acompañados por su madre o su padre. Además, a esa edad todavía no pueden cuidar por sí mismos de sus cosas, que suelen limitarse a ropa y juguetes.

- **Hacer un rincón para el niño en la sala de estar**
  Si tenemos en cuenta que lo más importante para el niño de hasta 3 años es que pueda estar cerca de su familia, bastaría con que tuviera su rincón cerca de ellos.

  Ese rincón, que los padres puede elegir a su conveniencia, debe situarse en un lugar en el que al niño le sea posible estar jugando siempre cerca de ellos, ya sea mientras están cocinando, mirando la tele o haciendo cualquier otra actividad. Y es que, hagan lo que hagan, y por mucho que hayan dispuesto de una habitación especial para su hijo en la sala, el niño va a acabar llevando sus juguetes al sitio donde ellos estén.

En mi caso particular, y como me encanta el contacto físico con mis hijos, soy partidaria de que hasta la adolescencia los niños se te peguen tanto como quieran. Si se sienten mejor durmiendo contigo, pues que lo hagan; ya llegará el momento en que decidan tomar distancia por su cuenta. De hecho, mantener un contacto cercano con tus hijos y respetarlos como personas individuales son dos cosas totalmente distintas y compatibles.

En Japón se ve negativamente que los niños crezcan demasiado apegados a sus madres, pero yo creo que todos los extremos son malos. También hay quien considera un peligro destinar una habitación a su hijo por miedo a que se encierre en ella y no quiera salir nunca más.

Como ya he dicho en numerosas ocasiones, si los padres ejercemos una disciplina sobre nosotros mismos evitando echar mano del «si lo hago yo, acabaremos antes», usamos un lenguaje adecuado (adulto) para comunicarnos con nuestros hijos y hacemos que nos obedezcan por el mero hecho de ser sus padres, contribuiremos al buen funcionamiento de la relación familiar.

- **Un rincón de donde las cosas puedan sacarse –y a donde puedan devolverse– con facilidad**

Es muy común que en una casa con niños pequeños el salón entero esté atestado de sus cosas. Para evitarlo, a la hora de crear su rincón deberemos marcar claramente cuáles serán sus límites.

Antes que cómodas con muchos cajones o muebles por el estilo, lo ideal sería disponer de alguna de las paredes de la estancia para colocar espacios de almacenamiento abiertos (como estanterías o cestos con los juguetes y libros del niño), bien accesibles. De este modo, la tarea de recoger será mucho más sencilla tanto para la madre como para el niño. Si ponemos su rincón allí donde tiene guardados los juguetes, también será mucho más fácil hacerle entender que en ese espacio puede utilizarlos a sus anchas y que una vez haya terminado tiene que devolverlos a su sitio. Aunque no es estrictamente necesario, poner una alfombra o una estera delante de donde guarda los juguetes puede ser útil para marcar los límites de su espacio.

A ser posible, también recomendaría tener allí un mueble con mudas para el niño, ya que a esas edades tempranas es común que una vez levantado se pasee por la casa en pijama o que después del baño le vistamos en la sala de estar mientras juega.

En cuanto a gorros, abrigos, mochilas y similares, sería preferible tenerlos guardados aparte, ya sea en la habitación de los padres o bien en el recibidor, para evitar tenerlos embutidos en el mueble del salón y ocupar el espacio destinado a la ropa.

- **Acostumbremos al niño a devolver las cosas a su sitio**

Cuando los padres recogen los juguetes antes de las comidas, o cuando llega la hora de irse a la cama, tienen que asegurarse de que el niño les ayude. Solo con esto ya es suficiente para empezar a inculcar a nuestros hijos la costumbre de recoger. Si entiende que «una vez utilizado hay que recogerlo» podemos darnos por satisfechos.

- **Si el salón adquiere cierto aspecto de desorden, hay que resignarse**
Hay muchas madres que se quejan de que las cosas del niño, al tener toda clase de formas y colores dispares, dan un aspecto de desorden a la estancia, y se preguntan qué podrían hacer para solucionarlo. Es comprensible que se sientan así, pero hay que entender que mientras el niño está en etapa de crecimiento hay que renunciar a ciertas cosas. Con que la sala esté limpia debería ser suficiente, pues teniendo a un pequeño en casa es inevitable que siempre haya cierto desorden. Tenemos que hacernos a la idea de que esto va a ser así durante por lo menos los primeros 3 o 4 años.

Esto no significa que no podamos hacer de la sala un espacio agradable. Con que las cosas estén en el sitio donde tienen que estar, nos sentiremos cómodos y a gusto.

Si por el contrario intentamos mantener el espacio despejado a toda costa, escondiendo la ropa y guardando las cosas del niño en lugares de difícil acceso, lo único que conseguiremos es que acabe todo aún más desordenado. Lo único que se puede hacer al respecto es invertir lo necesario en los muebles que componen el rincón del niño. No es que haya nada malo en usar cajas de plástico que tengamos a mano o cestas compradas en el bazar de turno, pero si tenemos en cuenta que son cosas que vamos a utilizar durante años, es mejor que encontremos algo que se avenga más con la estética de la estancia. Solo con que el color de los muebles sea el mismo, notaremos cómo la impresión cambia considerablemente.

A partir de los 3 años: una habitación junto a la sala de estar

Aunque continuemos teniendo un rincón para el niño en la sala, si disponemos del espacio suficiente, es bueno que pueda tener también una habitación para sus cosas. Como sus pertenencias habrán ido en aumento y además de jugar solo empezará a hacerlo con amigos, considero adecuado que pueda disfrutar de un espacio extra.

- **Una habitación contigua a la sala de estar**
  El niño todavía está en una edad temprana en la que quiere estar junto a sus padres y tenerlos siempre a la vista, por lo que la mejor opción es que su nueva habitación esté junto a la sala de estar.

  En la mayoría de apartamentos de complejos residenciales japoneses suele haber una habitación justo al lado de la sala que se utiliza a menudo como dormitorio de matrimonio, aunque también es común tenerla como habitación de invitados. De ser este el caso, yo propondría utilizarla a la vez para que el niño tenga ahí sus cosas. Como la mayoría de las veces los invitados que se quedan a dormir son de la familia, no nos dará vergüenza que pueda haber cosas de nuestro hijo a la vista.

  En el caso de las viviendas unifamiliares habría que buscar un lugar adecuado en función de la distribución de la casa. De todos modos, si las habitaciones están separadas del salón o incluso en un piso distinto, no tenemos por qué preparar forzosamente una específica para el niño.

Tanto si la habitación dispone de una puerta normal como de una corredera, durante este periodo la tendremos siempre abierta para que cuando el niño esté allí jugando pueda sentir la presencia de sus padres y todos puedan ver lo que está haciendo el otro.

Es normal que los niños a esa edad se diviertan creando sus espacios personales, escondiéndose dentro de los armarios o haciendo cabañas bajo las mesas, por poner un par de ejemplos. De igual modo, no es extraño que cuando vienen sus amigos a jugar empiecen a decir cosas como «tú no vengas, mamá» o «no mires», dejando así a los padres al margen. Que de vez en cuando se escondan en un rincón de la habitación o cierren la puerta para que no puedan verlos sus padres no tiene nada de malo.

Antiguamente, ya fuera en las espaciosas casas de las familias de granjeros o en los barrios populares rodeados de intrincados callejones, había por todas partes rincones que quedaban fuera del alcance de la vista de los padres. Sin embargo, hoy en día ocurre todo lo contrario, por lo que es justo y normal que los niños intenten buscar de manera consciente un sitio donde los padres no puedan ver lo que hacen.

- **Los muebles son una extensión del rincón del niño**

Durante las edades en que el niño va al jardín de infancia o al parvulario, los espacios de almacenamiento son una extensión suficiente para su rincón. En ese periodo el número de juguetes y libros que tiene irá creciendo rápidamente, de modo que, si es posible, debería poder disponer de un rincón para los juguetes, uno para los libros (estanterías) y uno para la ropa. A mi entender este es un buen momento para que, con la «ayuda» de sus padres, el niño empiece a recoger y a decidir por su cuenta qué es lo que necesita y qué es lo que no. Como he mencionado anteriormente, para que el niño pueda recoger por su cuenta y sin dificultades, recomiendo que lleve todos los juguetes a su rincón correspondiente y que allí los separe por tipos en los diferentes cestos que vosotros mismos hayáis preparado previamente.

Lo más importante es que, cuando digamos por ejemplo «los muñecos van en este cesto», al niño le quede bien claro cómo tiene que hacerlo. Si duda y nos dice «esto no sé dónde va», le responderemos con un «a la cesta de los muñecos, ¿recuerdas?» y evitaremos quitarle el juguete de las manos con un «dame, ya lo guarda mamá».

Con los libros, si la estantería está demasiado atestada el niño no será capaz de devolverlos a su sitio, así que una vez hayamos decidido dónde los ponemos y la cantidad que va a tener, iremos comprobando de vez en cuando si todavía se adecuan a su edad, o si aún se los mira o no. Aquellos que veamos que ya no es necesario conservar los tiraremos o los donaremos.

- **Las cosas del niño se devuelven a su habitación**
Costumbres como las de «devolverlo todo a su sitio cuando ya no se usa» o «no dejar las cosas tiradas en los espacios comunes» se le tienen que inculcar al niño a partir de la máxima de «las cosas del niño se devuelven a su habitación». Así pues, cuando deje juguetes o libros esparcidos por la sala de estar o encima de la mesa del comedor le pediremos que se los lleve a su cuarto. Aunque lo más normal es que los deje allí de cualquier manera, según el momento lo regañaremos con un «haz el favor de dejarlo bien puesto» o bien le diremos que «con que lo devuelvas a tu habitación es suficiente».

- **Dejar las cosas esparcidas como excepción**
Cuando el niño tiene su cuarto, es inevitable que tenga vías de tren, casas de muñecas y demás juguetes esparcidos por el suelo.

Cuando se trata de la sala de estar, los padres tenemos por instinto impedírselo, pero de la habitación del niño, tanto hijos como padres bajamos, lamentablemente, un poco la guardia. No quiero decir que todo tenga que estar siempre recogido, pero lo que no puede ser es que tenga cosas desparramadas por el suelo sin ninguna clase de límite ni control.

Los niños hacen sus propios planes de juego, de modo que hay que conceder excepciones de vez en cuando. La norma general dice que «no se dejan cosas en el suelo», pero si el niño no quiere deshacer una construcción que ha hecho, le permitiremos que la deje ahí un poco más como excepción, dejándole claro, eso sí, que todo lo demás tiene que quedar recogido. Si se trata de algo más grande (como unas vías de tren) podemos marcarle algún límite concreto del estilo «todo lo que se salga de la alfombra tendrás que recogerlo».

A partir de los 6 años: el porqué de un cuarto para el niño

A los 6 años, cuando el niño ya está a punto para empezar la educación primaria, es un buen momento para que tenga su habitación. En el caso de que tenga hermanos puede compartirla con ellos, independientemente de que sean niños o niñas.

- **Hacerle darse cuenta del porqué de tener su propio cuarto**
  Llegados a este punto, tanto si hemos dado a nuestro hijo un cuarto para juegos o hemos considerado que tiene suficiente con un rincón de la sala de estar, creo que es oportuno trazar una frontera clara de responsabilidad, haciéndole saber que a partir de ese momento va a tener su propio espacio, en el que podrá hacer lo que quiera pero del que deberá encargarse él mismo y mantener limpio y ordenado.
  Una buena oportunidad para hacer este cambio será cuando empiece a ir a la escuela y necesite un escritorio. Entonces, cuando se de cuenta de que ese es «su cuarto», «su espacio», entenderá que se ha hecho mayor y se alegrará por ello. En este mo-

mento es cuando padres e hijo tienen que ir estableciendo las normas de uso del cuarto del niño:

- «Tú mismo te encargarás de limpiar», o bien «tendrás que ordenar tu cuarto cada día, pero mamá pasará el aspirador».
- «Tú sacarás la ropa sucia», o bien «papá comprobará cada fin de semana qué hay que lavar».
- «Deberás dejar siempre la puerta abierta», o bien «puedes cerrar la puerta y cuando queramos entrar ya llamaremos».
- «Por la noche sal a ayudar a preparar la cena» o bien «que te hayas acabado la cena no significa que puedas irte enseguida a tu habitación».

Podéis proponer todas las normas que queráis, y una vez padres e hijo estéis de acuerdo, ambas partes deberéis comprometeros a cumplirlas.

Por otro lado, por mucho que cuando disponga de su habitación sea el niño quien se encargue de administrarla, hay que recordar que está bajo el amparo de sus padres, por lo que es importante asegurarse de que conoce la diferencia que hay entre «administrar el cuarto por su cuenta» y «hacer lo que le dé la gana».

En el caso de que hubierais acordado que él se encargaría de limpiar y sin embargo tiene el cuarto hecho una pocilga, es adecuado mandarle que lo limpie de inmediato. Si su contestación es «este es mi cuarto y en él hago lo que quiero», se le puede contestar de manera razonada con un «en esta casa no está permitido que haya ningún espacio sucio».

Según mi punto de vista, en una familia deberían imperar siempre los valores que los padres consideren más adecuados, y a los que el hijo tiene que obedecer. Al fin y al cabo, el hogar es antes que nada el lugar que los padres han elegido para vivir y hacer crecer una familia.

- **El lugar no importa**

Llegada esta edad, ya no es necesario que el niño tenga el cuarto junto a la sala de estar. Si hay otra habitación en la casa más adecuada para que pueda usar como dormitorio, no habrá ningún problema en cambiarlo de sitio y reconvertir la que ha usado hasta ahora en dormitorio de matrimonio, sala de invitados o lo que sea. De ser este el caso, no importa que la nueva habitación del niño sea más estrecha que la anterior, pues con un espacio de 7 u 8 metros cuadrados en que quepa la cama, un escritorio y un armario con un espacio de almacenamiento mínimo (libros, ropa, etc.) debería tener suficiente. En el caso de contar con armario empotrado, una habitación más pequeña, de unos 5 metros cuadrados, bastaría.

Por lo general a la gente, y especialmente a los niños, les cuesta menos relajarse en espacios reducidos. Además, si pecamos de dar a nuestros hijos una habitación demasiado grande, como todavía no habrán aprendido cómo gestionar su espacio, lo más probable es que acaben desparramando las cosas por todas partes.

Si se diera el caso de que la única habitación adecuada para el niño se encuentra junto al recibidor, no estaría de más hacerle prometer que cuando llegue a casa, antes de meterse en su cuarto, por lo menos se dirija al salón y salude a los que estén en casa.

- **Hacer que ordene la habitación por sí mismo**

Ya he dicho que cualquier norma que acuerden padres e hijo es válida, pero hay algunos fundamentos básicos de la autogestión que deberían darse por sentados.

Si bien es cierto que hay tareas relacionadas con la limpieza que el niño no puede realizar sin la ayuda de sus padres, si no es capaz siquiera de cumplir con tareas sencillas como ordenar su cuarto a diario, sacar la ropa sucia o vaciar la papelera, es que tenemos un problema.

Particularmente, en el caso de un hogar típico japonés, creo que es importante que la madre se reprima las ganas de intervenir. Al mismo tiempo que transmitimos al niño que «debería avergonzarse de no ser capaz de hacerlo por sí mismo», nosotros deberíamos darnos cuenta del hecho de que cuidar indefinidamente de nuestro hijo como si fuera un niño pequeño es también motivo de vergüenza. Si los padres somos incapaces de separarnos del niño, no habrá nada que podamos hacer para cambiar la situación.

- **La decoración, según sus gustos y criterio**

Como ya he dicho antes debemos dejar que el niño decore su espacio privado en concordancia con sus gustos y su criterio. Esto significa que es él quien debe definir la estética y la distribución de su cuarto, exponiendo por ejemplo sus juguetes, pegando fotos que le gusten en las paredes o colocando su escritorio y sus estantes donde mejor le parezca.

Precisamente esta es la edad en que empezará a mostrar esa clase de intereses, por lo que es bueno que sea capaz de pedir a sus padres consejo y, si es necesario, que le ayuden a cambiar los muebles de sitio.

Aun así, antes de dejar que lo haga todo por su cuenta, creo que es preferible que nos cuente las ideas que vaya teniendo sobre la marcha. De esta manera, con las opiniones y los elogios que vaya recibiendo de nuestra parte, seguro que irá mejorando poco a poco sus conocimientos y su técnica en temas de decoración.

- **Cómo elegir los muebles**

Cuando el niño reciba su propia habitación, además de un escritorio va a necesitar una serie de muebles que, a mi parecer, tendría que poder escoger él.

Aunque no hace falta decirlo, no necesariamente le vamos a comprar un mueble concreto solo porque él diga que le gusta, sino que los padres deberemos encargarnos de comprobar que su elección sea adecuada. Por ejemplo, si un mueble es demasiado caro, poco práctico, de mala calidad o tiene algún diseño de dibujos que sospechemos que podría aburrir, le diremos que no puede ser.

Un mueble es un objeto caro y pensado para ser utilizado durante mucho tiempo, de modo que no es deseable tener que volver a comprar otro nuevo por culpa de una mala elección. Para evitar que esto pase es bueno que enseñemos al niño los criterios con los que debería elegir un mueble, explicándole las razones concretas de por qué «este de aquí es bueno y ese otro de ahí, no». Una vez esté claro, buscaremos el más adecuado hasta que encontremos uno que nos convenza, tanto a los padres como al niño.

En los últimos tiempos han arraigado ideas del estilo de «a los bebés hay que darles juguetes de madera porque desprenden más calidez» o «es bueno que ya desde pequeños conozcan el tacto real de las cosas». Aunque los padres abrazan con entusiasmo esta manera de pensar cuando sus hijos son bebés, a medida que los niños crecen su determinación se va enfriando y acaban comprándoles lo primero que encuentran, o lo más barato, pensando en que «cuando el niño sea más independiente ya le compraré cosas mejores». Sin embargo, es sobre todo cuando todavía son pequeños que tenemos que darles cosas de calidad y enseñarles a valorarlas y a tratarlas con respeto. ¿O acaso no es bonito ver como nuestro hijo, ya mayor, continúa usando el escritorio que le compramos al empezar la escuela?

Al igual que haríamos con un bolso de marca, el hecho de que nuestro hijo guarde su vieja cómoda para dársela a su propio hijo es una muestra de saber dar valor a las cosas y utilizarlas en consecuencia.

- **Compartir la habitación con los hermanos**

Se da en muchos casos la situación de que, cuando el hijo mayor empieza a ir al colegio, comparte habitación con su hermano menor, de modo que el primero tiene un escritorio para estudiar y el segundo no. Es lógico que compremos los muebles respondiendo a las necesidades de cada momento, pero en cierto modo esto puede dar a entender que «la habitación pertenece al hermano mayor», algo que puede llegar a afectar a la relación entre ambos. Así pues, si optamos por la habitación compartida, será importante buscar alguna manera en que los niños puedan identificar los espacios que les pertenecen.

No es imprescindible utilizar cortinas o muebles a modo de separador, sino que los elementos del cuarto pueden repartirse según quién los vaya a usar. Por ejemplo, «el escritorio es para el mayor, y la mesita para que juegue el pequeño», o también se pueden delimitar espacios al estilo de «este es el rincón de los juguetes de A y ese, el de los juguetes de B». Una vez quede bien definido qué pertenece a quién, cada uno tendrá que cuidar su parte.

El suelo es un espacio común para ambos hermanos, por lo que no es mala idea que acuerden entre ellos las normas de uso que les convenga: «si juegas en el suelo, cuando acabes recógelo», «de esta línea para aquí es para mí, y el resto es para ti», etc.

Si por la razón que fuera hubiese peleas o no consiguieran usar la habitación como es debido, la madre debería escuchar los argumentos de ambos hermanos y, al mismo tiempo que les aconseja qué hacer, contribuir a que los niños creen nuevas reglas de convivencia.

En el caso de que los hermanos sean de sexo distinto y no sea posible darles habitaciones separadas, tanto los libros como internet pueden ofrecernos muchas ideas y propuestas de expertos en cualquier tema que pueden tomarse como referencia ante la duda.

Si es necesario separar el dormitorio de la zona de estudio, puede ponerse una cortina divisoria. Si se dispone de una habitación de entre 12 y 13 metros cuadrados, con un armario empotrado, se puede correr una cortina que cubra un poco menos de 5 metros cuadrados junto a la pared para que separe la cama de la zona de estudio. Como esta hay muchas otras ideas para distribuir el espacio.

Quizá lo esencial, más que disponer de un lugar amplio y cómodo, sea asegurarse de ofrecer a los niños un espacio propio en el que puedan estar solos.

- **Aparatos eléctricos en la habitación**

Desde hace ya un tiempo se viene señalando el problema de que, al disponer de televisor, teléfono, ordenador y aire acondicionado en sus cuartos, hay niños que se pasan el día encerrados y no salen para nada.

De hecho muchas veces, al comprar una tele o un ordenador nuevos para la casa, damos el viejo a nuestros hijos para que lo aprovechen. Según una encuesta publicada el año 2002, en aquel entonces un 35 % de los niños disponía de televisor en su cuarto.

Lo cierto es que hasta que nuestro hijo no tenga una tele o un ordenador en su cuarto no sabremos lo que puede suceder, pero no estaría de más que en el momento de darle su propia habitación se hablara en familia de qué hacer con esa clase de aparatos.

Generalmente esta es una cuestión que gira en torno a los valores de los padres. Si estos son del parecer que «los niños también necesitan ver la televisión», o «el ordenador, cuanto antes empiecen a utilizarlo, mejor», o «a día de hoy cualquiera tiene derecho a disfrutar de una temperatura agradable», seguramente no tendrán ningún problema en poner estos elementos a disposición del niño. Sin embargo, yo me inclino más bien hacia la postura contraria: «en la habitación no debe haber tele», «podrá disponer de ordenador propio solo a partir de cierta edad (el bachillerato o la universidad)», «el móvil, de manera limitada», etc. La razón por la que lo hago es porque, a mi entender, los medios como la televisión o internet requieren de cierta técnica de uso que los niños todavía no dominan, motivo por el que no se les debería permitir su uso ilimitado.

Tal como nos enseñan los procesos de alfabetización mediática, los medios de comunicación cubren una amplia variedad de ámbitos y sirven para «comunicar algo a la gente». En una época en la que incluso alguien sin conocimientos avanzados es capaz de emitir para un gran número de personas, cada vez se hace más necesario un juicio maduro sobre el contenido que nos transmiten los medios. En el caso de contenidos de naturaleza violenta o sexual es fácil identificarlos como «información perjudicial», pero en la red también se pueden encontrar muchos otros casos en los que se intenta pasar rumores por verdades, o en los que la crítica gratuita se considera aceptable; estos son más difíciles de detectar e identificar como perjudiciales.

En resumen, podríamos decir que, hasta que el niño llegue a la edad adulta, deberían ser los padres quienes controlen su acceso a los medios.

En febrero de 2004 la Asociación Japonesa de Pediatría presentó una serie de recomendaciones relacionadas con los niños y los medios de comunicación, el contenido de las cuales reproduzco a continuación:

- Evitar el contacto del niño con la televisión hasta los 2 años de edad.
- Evitar que el niño vea televisión mientras come durante el periodo de lactancia.
- Es importante limitar el rato que el niño está en contacto con cualquier clase de medio de comunicación a un máximo de 2 horas al día, o media hora en el caso de los videojuegos.
- No instalar ningún aparato de televisión, video u ordenador en la habitación del niño.
- Establecer normas sobre el uso de los medios que deberán cumplir tanto los tutores como el niño.

Por supuesto, la manera en que decidamos dar algo a nuestros hijos no tiene por qué ser buena o mala en sí misma, pero los padres tenemos la obligación de, por lo menos, transmitirles nuestros valores de manera clara para que luego ellos puedan compararlos con lo que sienten y así ser capaces de juzgar las cosas por sí mismos.

A partir de los 10 años: hacer que gestione su espacio por sí mismo

Si desde que empezó la escuela le hemos ido enseñando a nuestro hijo a organizar y utilizar su habitación de manera correcta, una vez cumplidos los 10 años ya podremos confiarle la gestión de su espacio con tranquilidad plena.

- **Su propio espacio**
  Es importante que llegada la edad en que el niño empieza a necesitar «su propia fortaleza», aquel lugar en el que estar solo, los padres tomemos consciencia de que su habitación es un espacio privado que le pertenece. Una vez el niño reconozca ese espacio como el «lugar donde poder estar a sus anchas», deberá entender que la casa que comparte con el resto de la familia es también un lugar en el que puede sentirse a gusto.

  Si padres e hijo respetamos mutuamente nuestros espacios privados, estaremos reforzando nuestro vínculo de confianza, y eso es algo que debemos asegurarnos que el niño comprende bien. Así pues, de la misma manera que nosotros respetamos su privacidad, él no puede hacer cosas como entrar sin permiso en nuestro dormitorio, interrumpirnos mientras estamos hablando o despreciar nuestras opiniones. Tiene que aprender que nuestra relación no se basa solo en la necesidad, sino también en el respeto.

- **No entrometernos, pero sí dar nuestra opinión**

De igual manera que sucede en edades más tempranas, el hecho de que permitamos a nuestro hijo administrar su habitación por su cuenta no significa que pueda hacer con ella lo que quiera con total impunidad.

La actitud que debemos tener ante ello, entonces, es la de «no entrometernos, sino dar nuestra opinión».

Lo primero y más cortés es que cuando queramos entrar en su cuarto estando él dentro llamemos a la puerta y preguntemos si podemos pasar. Puede haber muchas situaciones en las que no quiera que lo veamos, como que se esté cambiando de ropa, que tenga algo que no quiere que veamos los padres, que esté tumbado con la cama deshecha... Al fin y al cabo esto nos pasa tanto a los niños como a los adultos. Sin embargo, tener la habitación de modo que siempre esté en condiciones de ser vista por los demás es también una muestra de cortesía hacia el resto de la familia, y esto vale tanto para el niño como para los padres.

Dicho esto, hasta que el niño se convierta en una persona totalmente independizada de los padres, nosotros tendremos el derecho a darle en cualquier momento nuestra opinión acerca de su cuarto.

- **Disfrutar decorando**

A esta edad, padres e hijos podemos disfrutar yendo juntos a curiosear tiendas de decoración. En estos días hay mucho interés por el interiorismo, por lo que no es difícil encontrar multitud de revistas y de tiendas especializadas en el tema. Si bien suele decirse que el gusto para la decoración tarda tres generaciones en aparecer, no hay nada como mirar y experimentar para cogerle el tranquillo.

Al ser un espacio pequeño y fácil de organizar, la habitación es un buen lugar para que el niño empiece a practicar sus dotes decorativas. El buen gusto no se adquiere de un día para otro, y esto le puede ser útil cuando sea mayor. Si desde pequeño empieza a experimentar a base de prueba y error, cuando llegue a la edad de tener su propia casa probablemente le será más fácil encontrar espacios y muebles acordes con su gusto y personalidad.

La disposición de los muebles, el material y color de las paredes, el diseño de las cortinas y la colcha, las lámparas...

Aunque solo sea una habitación, las posibilidades son infinitas. Si quiere pintarla, que lo haga; si quiere cambiar las cortinas por persianas, adelante. Aunque desde el punto de vista de los padres el resultado nos parezca un desastre, es bueno dejarle que actúe a su manera.

En mi caso, cuando estudiaba secundaria hubo una época en que decidí poner el colchón directamente en el suelo, a pesar de que mi habitación daba al norte. Hacía frío y las sábanas se ensuciaban enseguida, por lo que lo dejé correr, pero aun así fue una buena experiencia.

Alguna vez, mirando fotos de habitaciones de niños occidentales, me he encontrado con diseños muy bien realizados por los propios niños, con muebles de buenos materiales y telas de colores preciosos. Aunque perteneciendo a una misma cultura se pueden encontrar ambientes parecidos, la verdad es que cada habitación desprende una personalidad asombrosa. A mí me entusiasma mirarlas e imaginar qué clase de niños viven en ellas a partir de su distribución: «a este le gusta la música», «a este se le ve muy maduro», «este seguro que siempre está leyendo tumbado en la cama», etc. Lo cierto es que solo con ver la personalidad y la riqueza de esas habitaciones se hace patente que proceden de países en los que las habitaciones individuales están muy arraigadas y tienen un gran interés por la decoración de interiores.

Esto es posible gracias a que los padres de esos niños, al mismo tiempo que guían hábilmente a sus hijos, reconocen que la decoración no es un lujo, sino una importante herramienta para que puedan ser ellos mismos.

RESUMEN DEL CAPÍTULO 4

¿Para qué necesitan una habitación los niños?

1. Es importante que el niño pueda pasar tiempo solo. Es recomendable que a los 10 años disponga de su propio cuarto.
2. Si le damos una habitación al niño, podremos enseñarle a utilizar y a gestionar su espacio.

¿Cómo hacer una habitación infantil?

1. Hasta los 3 años, como el niño está con sus padres, con que disponga de su rincón ya basta.

2. A partir de los 3 años, le prepararemos una habitación junto a la sala de estar.

3. A partir de los 6 años, le daremos su propia habitación y estableceremos sus normas de uso.

4. A partir de los 10 años, el niño se encargará de administrar su habitación por sí mismo, y le daremos libertad para decorarla a su gusto para que pueda convertirla en su «fortaleza» particular.

¿Qué hacer cuando los niños piden que les compremos cosas?

Los niños empiezan a pedir los caramelos y los juguetes que ven en los escaparates cuando cumplen los 3 años. Un par de años más tarde han aprendido varios trucos y, si hay algo a lo que le han echado el ojo, nos perseguirán por la casa recordándonos día tras día lo que quieren y preguntándonos si se lo vamos a comprar pronto: esto es lo que se llama una guerra de desgaste. Si el problema se solucionara dándoles todo lo que quieren, las cosas serían mucho más sencillas.

En caso de que los niños pertenezcan a una familia con pocos recursos, los padres no podrán comprarles lo que han pedido por mucho que quieran. Es una lástima, por supuesto, pero al menos se ahorrarán el dilema de cómo actuar en estas situaciones.

Una de las tareas más duras para los padres consiste precisamente en proteger a sus pequeños de la marea de productos que los rodea en esta sociedad de consumo. Mientras los niños aún son pequeños, la solución es tan sencilla como poner lo que nos piden en el carrito de la compra y más tarde devolverlo a la estantería sin que la criatura se dé cuenta. Afortunadamente los niños de 3 años se olvidan de las cosas cuando dejan de verlas.

Sin embargo, esto es solo el principio y pronto nos veremos en la obligación de tomar medidas más serias.

Tal como se menciona en el primer capítulo, si advertimos a los niños de que tiraremos a la basura todas las cosas que no recojan, la amenaza solo será efectiva en caso de que cumplamos nuestra promesa. Cuando las palabras de los padres se transforman en acciones, a los hijos no les queda más remedio que comportarse según las normas impuestas. Es por ello que, si pasamos por la sección de juguetes del supermercado y nos negamos a comprar lo que nos han pedido, debemos mantener nuestra palabra hasta el final.

Tan solo una vez he visto consternada como mi hijo se ponía a llorar pidiéndome algo después de que yo me negara a ello reiteradamente. Ocurrió cuando tenía 3 años y debo confesar que me quedé paralizada al verlo tumbado en el suelo del supermercado con una pataleta terrible. A pesar de tener ante la vista a un niño que llevaba más de media hora llorando y a una madre que se enfrentaba como buenamente podía a esta situación, las clientas que pasaban a nuestro lado se limitaban a preguntarle a mi hijo qué le pasaba o a darle ánimos con total despreocupación. Es posible que aquel día más de un comprador se sintiera incómodo por nuestra actuación, pero también me parece que mi hijo aprendió de una vez por todas que «*no* significa *no*».

Otro truco consiste en plantear un trato que nuestro hijo puede aceptar con facilidad: mamá le comprará lo que le pide, pero se acabó lo de pedir cosas en toda la semana. Los niños de corta edad solo tienen en cuenta el momento presente, por eso les basta con conseguir lo que han estado pidiendo. En este caso los padres deberán hacer gala de una gran fuerza de voluntad para mantener su palabra y no comprar nada más en los siete días siguientes.

Como han hecho una promesa y las promesas deben respetarse, al niño no le quedará más opción que ejercitar su paciencia y tolerancia ante la frustración.

Si aprende esta lección antes de empezar la escuela, a los 5 o 6 años será capaz de entender que «*no* significa *no*». Los niños creen que, una vez iniciada la guerra de desgaste, tarde o temprano daremos nuestro brazo a torcer y les compraremos lo que han pedido. Para solventar este problema, podemos sugerirles que lo tendrán para su cumpleaños o que se lo traerá la abuela como regalo cuando venga a vernos en verano. La clave consiste en intentar dejar claro cuándo será.

De vez en cuando incluso podemos explicarles por qué no les compramos lo que han pedido. El problema es que, si tratamos de razonar con ellos que el objeto en cuestión es caro, ellos entenderán que pueden pedirnos algo más barato. De manera similar, si les decimos que no podemos estar comprando cosas todos los días, se justificarán diciendo que el día anterior no les hemos comprado nada. La lógica no suele ser la manera más eficaz de dialogar con un niño, por lo que probablemente sea más efectivo usar argumentos vacíos, como que: si mamá dice que no, es que no.

La influencia de los abuelos

Los abuelos son con frecuencia una de las razones por las que los juguetes, los artículos de escritorio y la ropa de los niños aumentan sin control. Estos detalles son de agradecer, por supuesto, pero si traen algo de regalo cada vez que vienen a casa o quedamos con ellos para comer, dicha actitud se acabará convirtiendo con el tiempo en un estorbo bienintencionado. No es bueno que haya demasiadas cosas en casa porque complica la tarea de recoger, pero también porque puede interferir en la educación que queremos dar a nuestros hijos. Sin embargo, negar a los abuelos la alegría de hacer regalos a sus nietos se nos antoja ruin. Recordemos que las generaciones que se han criado en la escasez no se quedan tranquilas a menos que sientan que sus seres queridos tienen de todo.

¿Qué debemos hacer en estos casos? Cuando el problema está causado por nuestros propios padres, la solución es relativamente sencilla. A fin de cuentas, tenemos confianza con ellos y podemos decirles claramente que tantos juguetes y tanta ropa están empezando a ser un quebradero de cabeza. Los niños deben apreciar el valor de las cosas, por lo que sería mejor que solo les trajeran regalos por su cumpleaños y durante las fiestas.

Con frecuencia, y especialmente cuando la madre trabaja fuera de casa y tiene que reincorporarse a la empresa, la abuela es la persona que asume el papel más maternal con el niño. Si vive en la misma casa que el núcleo familiar o incluso en el mismo vecindario, podría llegar a considerarse una segunda madre para él... por lo que es normal que se produzca algún que otro encontronazo en cuanto a la manera de educarlo. Aunque no sea tarea fácil, debemos hablar claramente con la abuela y explicarle que la educación del niño nos corresponde a nosotras y que es nuestra responsabilidad como madres. Esto debería bastar para que comprenda que su relación no es entre madre e hijo, sino entre abuela y nieto.

Si hablamos con sinceridad, cualquiera de los abuelos entenderá la situación: todos comparten un mismo amor por el niño.

GUÍA PRÁCTICA

Organiza todo el mes en un solo archivo

5 **A** Preparar una agenda de unas 40 páginas para guardar en orden las fotocopias, los exámenes y las cartas que recibimos.

B Dejar las últimas páginas libres.

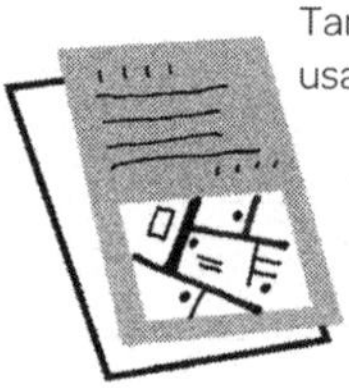

También podemos usarla para guardar una lista de teléfonos de interés y demás información importante.

Al cambiar de mes tiraremos los papeles que ya no sirven y trasladaremos las cosas que haya que guardar a las páginas que habíamos dejado libres.

En caso de que en la familia haya más de un niño, prepararemos una agenda para cada uno de ellos.

¿Qué hacemos con las cosas que nos regalan?

Para tener una casa ordenada debemos aprender a tirar las cosas que ya no nos hacen falta. Aunque en un principio pueda parecer sencillo, no siempre sabremos qué hacer con lo que nos han regalado: ya sea el peluche que compraron como regalo los amigos del niño, los juguetes de los abuelos, las figuras del primo, la medalla por ganar el festival deportivo o los colgantes para el móvil y los accesorios que le ha dado a nuestro retoño su nueva pareja. Cuando se trata de cosas que nosotros hemos comprado o que el niño ha elegido, podemos decidir qué hacer con ellas sin ningún tipo de presión. En caso de que se trate de regalos, la cosa se complica, puesto que tirarlos a la basura podría parecer una falta de respeto hacia los sentimientos de la persona que nos los dio.

Por muy importantes que sean estos sentimientos, si guardamos todo lo que nos regalan, el espacio de almacenaje de la casa acabará llenándose con trastos que tal vez nunca echaríamos de menos. Lo primero que los niños deberían aprender es que hay que pensar por separado: por una parte la intención del regalo, y por otra el regalo en sí. Considero que lo peor que se puede hacer es dejar cualquier objeto cogiendo polvo en un rincón, puesto que utilizarlo es también una manera de responder al detalle que alguien ha tenido con nosotros.

Hay que estar agradecido cuando te hacen un regalo, a la par que feliz de saber que otra persona ha pensado en ti. Después ya decidiremos si usarlo durante una temporada, añadirlo a la decoración de la casa o utilizarlo todo lo que podamos concediéndole el valor que merece. En caso de que el objeto en cuestión permanezca apartado porque no termina de convencernos, podemos optar por guardarlo en la caja de los recuerdos o tirarlo: no hay una tercera opción. En caso de que haga falta algún tipo de ceremonia para despedirse del regalo, los padres pueden guardarlo en una bolsa o tirarlo pidiéndole perdón y despidiéndose del objeto junto al niño.

Los múltiples usos de un tablero de corcho

Compra un tablero de corcho en una tienda de manualidades o en el supermercado. Puedes recubrirlo con un pedazo de tela que encaje con la decoración de la casa.

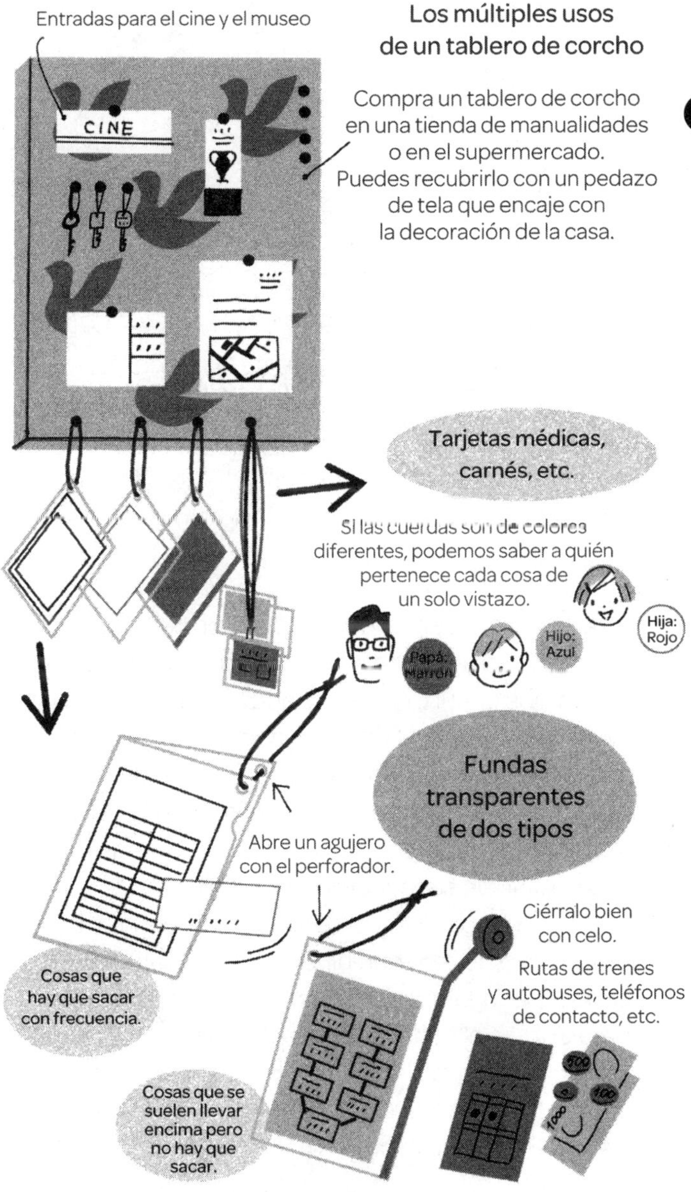

¿Qué tipo de madre o padre quiero ser?

Aunque no se encuentre directamente relacionado con el hecho de recoger la casa, me gustaría que todos nos planteáramos por un momento qué tipo de madre o padre queremos ser, cuál es el modelo en el que nos inspiramos. Algunas personas tienen en mente un objetivo claro, mientras que otras puede que intenten alcanzar la imagen que tienen de sus propios padres, o bien alejarse todo lo posible de su recuerdo.

Esta meta no se alcanza de la mañana a la noche por el mero hecho de tener un hijo, por lo que tampoco deberíamos caer agotados tratando de convertirnos de un día para otro en el padre o la madre del año. ¿No resultaría mucho más constructivo concentrarnos en ser buenos padres y sentarnos a reflexionar ocasionalmente para evaluar cómo lo estamos haciendo?

En mi opinión basta con que un padre o una madre se comporte como tal, y para ello es suficiente con que le haga sentir al niño su cariño: esa es la base de todo. En segundo lugar, hay otro objetivo que considero importante alcanzar: aprender a conservar la calma. Los pequeños incidentes cotidianos nunca son buenos o malos, simplemente ocurren. Somos nosotros quienes les otorgamos un valor u otro.

Si el niño está recogiendo los platos, algo se cae y se rompe, no deja de ser un mero incidente: nosotros decidimos si queremos convertirlo en un error o en una oportunidad para aprender de la experiencia. Cuando estas cosas ocurren, me gustaría ser capaz de tragarme el enfado y ahorrarme comentarios como «ya te lo decía yo» o «mira que eres desastre». Lo ideal sería preguntarle si se encuentra bien e indicarle que ahora debe recoger el plato roto. Así, de paso, también aprenderá a realizar esta tarea.

A mí me gustaría poder preguntarle tranquilamente a mi hijo por qué se le ha caído, ¿porque llevaba varios platos a la vez?, ¿porque estaba mirando a la televisión de reojo?, ¿porque el bol era demasiado grande y lo llevaba con una sola mano? Considero que esta es una buena manera de que los niños aprendan a ser conscientes de sus propios errores, puesto que el fracaso se convierte en una experiencia positiva que los ayuda a crecer.

También trato de conservar la calma cuando el niño está enfermo o se ha hecho daño, aunque eso exija que me trague la preocupación normal de una madre. En estos casos intento decirle que pronto se encontrará bien y preguntarle qué le duele exactamente. Tengo la esperanza de que verme tranquila ayudará a que él también se tranquilice y comprenda que no hay por qué tener miedo a causa de un golpe, herida o malestar físico.

Este mismo comportamiento intento aplicarlo cuando ocurren cosas buenas, puesto que considero importante mantener la calma al recibir grandes alegrías. De este modo no nos dejaremos arrastrar por las emociones y evitamos comportarnos de una manera tan exaltada que roce el descontrol.

Conservar la calma significa todo esto para mí. El simple hecho de vivir el día a día hará que nos encontremos con toda clase de pequeños acontecimientos: cosas buenas y malas, de todo hay. Ojalá fuera tan sencillo como desear que nos ocurran muchas de las primeras y pocas de las segundas... Si somos personas a las que les cuesta actuar, es normal que nos pasen pocas cosas realmente malas; pero probablemente también nos ocurran pocas cosas realmente buenas. Cuanto más seamos capaces de hacer y más ganas tengamos de actuar, en mayor número de circunstancias nos veremos inmersos y más plena será nuestra existencia. Lo que importa no es en qué consisten estas experiencias, sino la manera en que nos enfrentamos a ellas: esto es lo que determinará la riqueza o pobreza de la vida que deseemos llevar.

Me gustaría que mi hijo fuera alguien que no se viera arrastrado por toda esta riqueza de acontecimientos, sino que fuera capaz de apreciarla en su contexto sin perder la calma. Considero que de esta manera podrá ser feliz en la vida, sean cuales sean las circunstancias que lo rodeen. Dicho de otro modo, y como he mencionado varias veces a lo largo del libro: aunque los resultados también cuentan, lo que realmente importa es el proceso que nos lleva hasta ellos.

Este tipo de actitudes no se inculca limitándonos a decir a los niños cómo tienen que comportarse. Hay que predicar con el ejemplo y hacer énfasis en ello día tras día. Es la única manera de que las lecciones importantes de la vida calen de manera natural en ellos.

12 MESES PARA APRENDER A RECOGER

12 meses para aprender a recoger*

Primer trimestre, segundo trimestre, tercer trimestre... La guardería y el colegio se convierten con rapidez en el centro de la vida de los niños. Hemos preparado un calendario para ayudarles a interiorizar diversas tareas relacionadas con el orden, acogiéndonos a su particular ritmo de vida.

Las rutinas de los niños están más sujetas que las nuestras a las hojas del calendario, tal vez precisamente por eso también se sientan más emocionados que los adultos al ver como el curso escolar poco a poco va avanzando. Los padres podemos aprovechar los patrones de su vida cotidiana, así como la emoción infantil ante el paso del tiempo, para crear un calendario que los ayude a interiorizar algunas rutinas relacionadas con el orden.

* Este calendario sigue el modelo escolar japonés. El lector puede adaptarlo al modelo de su país.

Abril

Comienza el curso escolar, tal vez incluso en un nuevo colegio, así que aprovecharemos el mes de abril para que los niños aprendan a mantener el orden en su cuarto.

- Entre las nuevas normas que se incorporarán a la vida cotidiana, debemos hacer énfasis en que cada cosa esté siempre en el lugar que se le ha designado.
- También es el momento adecuado para que los niños desempeñen un nuevo papel en casa, por lo que podemos hablar con ellos como si fueran adultos y dignificar el hecho de que hayan comenzado la escuela o de que ya sean mayores. Entre las nuevas tareas se puede incluir colgar la ropa, lavar los platos, etc.

Dividir las tareas del hogar a principio de curso

Los niños podrían sentirse un tanto abrumados: demasiadas responsabilidades. Por ello conviene añadirlas poco a poco a medida que se nos ocurran mientras los animamos a que al menos lo intenten.

Mayo y junio

Es hora de realizar el cambio de armario de cara al verano, por lo que llevaremos a cabo la tarea junto a los niños, tratando de que resulte lo más atractiva posible. Si a medida que cogemos las prendas les preguntamos si las quieren tirar porque ya son mayores, o dárselas a alguien en cuanto se les queden estrechas, será igual de divertido para padres e hijos.

Julio y agosto

Llegan las vacaciones de verano, una época en la que los niños se pasan el día en casa y sus amigos vienen con frecuencia a jugar.

Intentaremos inculcarles la costumbre de recoger antes de acostarse, ya que ayudará a pautar la rutina de los niños y aprovecharemos el tiempo libre del que disponen en estos meses. No debemos tener miedo de imponerlo como si de una obligación se tratara.

Haremos hincapié en que las tareas del hogar se realicen por la mañana, ya que durante estas fechas suelen tomárselo todo con mucha calma.

Hay que asignar nuevas tareas que se ajusten a la situación durante las vacaciones de verano: barrer el recibidor, regar las plantas, etc.

Septiembre

Junto con el nuevo trimestre y la vuelta a clase, a los padres nos toca insistir un poco para que las rutinas referentes a las tareas del hogar vuelvan a producirse.

Octubre y noviembre

Es hora de realizar el cambio de armario de cara al invierno, para lo que seguiremos la misma metodología que hemos indicado para preparar la ropa de verano.

Durante las vacaciones de verano, las tareas del hogar se realizan por la mañana

Diciembre

Se acaba el año.

En lugar de invertir todo un día para realizar la limpieza general de la casa, podemos proponernos limpiar y recoger con más esmero durante la segunda mitad del mes. Se dice que antiguamente los preparativos para dar la bienvenida al año nuevo comenzaban el día 13 de diciembre.

Mamá no debe ser la única persona atareada preparando el fin de año, por lo que también el niño tendrá que desempeñar un papel en estas fiestas. Si hay algo que no sepa hacer, le daremos indicaciones detalladas mientras reconocemos lo mucho que nos están ayudando para que tenga una mayor confianza en sus habilidades.

Cambio de armario

Podemos disfrutarlo en compañía de nuestros hijos

Enero y febrero

A pesar de la llegada del año nuevo, no debería haber grandes cambios en la rutina del hogar.

Marzo

El nuevo curso está a la vuelta de la esquina, lo que supone un nuevo comienzo para los niños.

Revisaremos el contenido del escritorio y los cajones para tirar los libros que ya no se usen, los cuadernos gastados y los bolígrafos que han dejado de escribir. No hay que tirar ni guardar todo por defecto, sino ser selectivo en cuanto a nuestras decisiones. También podemos hacer que el propio niño compruebe el estado de su mochila para lavarla si es de tela, dándole a este proceso la importancia que merece puesto que la mochila los acompañará durante otro año entero.

Tal como habíamos hecho con el escritorio, también las zonas de almacenaje de la habitación del niño deberían exponerse a una inspección en profundidad. Aprovecharemos para comprobar si las distintas zonas del cuarto contienen las cosas apropiadas y los juguetes están separados por tipos. También es un buen momento para comprobar si hay algún aspecto que debiera cambiarse o mejorarse.

EPÍLOGO

Hace más de un año que recibí el encargo de escribir un libro que describiera cómo conseguir que los niños aprendan a recoger. Desde entonces no he dejado de pensar qué podría decirles a los padres y madres que lo compraran, teniendo en cuenta lo mal que se me dan a mí estas tareas. En ningún momento creí que el libro debiera centrarse en la mejor manera de recoger una habitación o cómo reducir el número de cosas que tenemos para que sean más fáciles de organizar. A mí me habían pedido que escribiera sobre cómo conseguir que los niños recojan.

Después de darle muchas vueltas llegué a la conclusión de que recoger no consiste en el simple acto de poner las cosas en orden, tal como puede verse en la introducción sobre las bases de la vida. El acto de ordenar va mucho más allá, puesto que representa la manera correcta de relacionarnos con las cosas que nos rodean, y a la vez nos hará ser conscientes de la mejor manera de relacionarnos también con otras personas. A su vez, el propio trabajo físico que implica recoger permitirá que nuestro cuerpo realice algunos descubrimientos importantes de la vida.

Este enfoque sí que me convencía, por lo que finalmente me puse manos a la obra. Siempre he dado mucha importancia al trabajo, al mundo que me rodea y a los resultados. Sin embargo, si hay algo aún más importante que todo esto, es el camino que nos lleva a ello. Me gustaría que los niños se centraran en comprender la importancia del proceso en lugar de centrar su atención en lo buenos o malos que sean los resultados.

Espero que estas páginas sirvan para preparar a los hijos de los lectores a tener la habitación ordenada y enfrentarse a la vida con una actitud alegre y enérgica.

Antes de terminar me gustaría dar las gracias a todas las personas que rellenaron las encuestas en las que me inspiré para algunos de los aspectos que se tratan en estas páginas. Mención especial merece también Mie Tanabe, la persona que me propuso la temática del libro.

Esta primera edición de *El arte de ordenar para niños* de Nagisa Tatsumi se terminó de imprimir en *Grafica Veneta S.p.A. di Trebaseleghe* (PD) de Italia en mayo de 2017. Para la composición del texto se ha utilizado la tipografía Omnes.

PEFC
PEFC/18-31-226

Este libro está impreso con el sol. La energía que ha hecho posible su impresión procede exclusivamente de paneles solares. *Grafica Veneta* es la primera imprenta en el mundo que no utiliza carbón.

GV
GRAFICA VENETA